江苏省基础教育前瞻性教学改革实验项目（重大研究项目）
"物型课程建设的研究与推广"成果系列丛书

物型课程 理论探索与实践路径

孙其华 等 著

东南大学出版社
SOUTHEAST UNIVERSITY PRESS
·南京·

图书在版编目（CIP）数据

物型课程 理论探索与实践路径 / 孙其华等著. —南京：东南大学出版社，2021.10
（江苏省基础教育前瞻性教学改革实验项目（重大研究项目）"物型课程建设的研究与推广"成果系列丛书）
ISBN 978-7-5641-9703-2

Ⅰ. ①物… Ⅱ. ①孙… Ⅲ. ①课程－教学研究 Ⅳ. ① G423

中国版本图书馆 CIP 数据核字（2021）第 196785 号

物型课程 理论探索与实践路径

著　　者	孙其华等	责任编辑	陈　跃
电　　话	025-83795627	电子邮箱	chenyue58@sohu.com
出版发行	东南大学出版社	出 版 人	江建中
地　　址	南京市四牌楼 2 号	邮　　编	210096
销售电话	（025）83794121/83795801		
网　　址	http://www.seupress.com		
经　　销	全国各地新华书店	印　　刷	南京迅驰彩色印刷有限公司
开　　本	700mm×1000mm	印　　张	10.5
字　　数	176千字		
版 印 次	2021年10月第1版　2021年10月第1次印刷		
书　　号	ISBN 978-7-5641-9703-2		
定　　价	82.00元		

＊本社图书若有印装质量问题，请直接与营销部联系。电话：025-83791830。

《江苏省基础教育前瞻性教学改革实验项目（重大研究项目）"物型课程建设的研究与推广"成果系列丛书》

编委会主任：孙其华　马　斌

主　　　编：陈瑞昌　陈　宁

编委会成员：林慧敏　王笑梅　庄惠芬　刘　慧
　　　　　　陈燕飞　储昌楼　刘浩祎　孙陆培

《物型课程　理论探索与实践路径》

著　　　者：孙其华　陈瑞昌　陈　宁　刘浩祎
　　　　　　林慧敏　储昌楼　陈　岑

总　序

教育理念作为一定历史时期人们对教育发展的理性认识，体现了教育的价值取向和理想追求，是教育改革发展的重要价值引领和实践导向。

在过去数十年中，伴随着教育理念的变革，全球教育正在经历一场"范式转换"的革命。20世纪70年代开始，西方的教育科学研究由探究普适性的教育规律转向寻求情景化的教育意义。课程研究开始超越以"泰勒原理"为典型代表的具有工具理性主义取向的"课程开发范式"转向"课程理解范式"，对课程的理解不再简单定义为"跑道"，而是转为一种多元的"文本"，对教学的研究亦走出教育心理学的单一视域，"开始运用多学科的'话语'来解读教学的无尽意义"。育人模式从封闭式的知识传授系统转向以"素养中心、能力中心、学生中心"为特征的开放式的学习社区。

20世纪80年代开始，中国教育也拉开了现代化的序幕，教育范式从"应试教育"转向"素质教育"、课程范式从"灌输传递"转向"对话中心"，教育思潮从"教师中心"转向"儿童中心"再到"双主体"……教育现代化在学者的争鸣论辩、国家方案的迭代更新和教育实践的持续检验中深入推进。情境教育、跨学科课程、主题学习课程及体验式学习、浸润式学习等得到广泛实践，课程多样化渐成常态。

物型课程正是在时代内涵充分发展与教育范式转型变革的历史背景下，由江苏教育人进行的一次前瞻性理念探索与创新性教育实践。它历经了近7年的实践探索与理论推演。

2013年12月4日，时任省教育厅基教处处长马斌在《江苏教育报》发表了《物型课程：环境育人的新维度》一文，首次明确了物型课程的概念，并从"四个空间"进行了阐述。2016年6月，《江苏教育报》连续刊发物型课程系列文章，进一步阐发了物型课程的内涵、具体表现和实施途径，省内外多家媒体予以转载。2017年7月，省教育厅文件《关于启动实施江苏省中小学省品格提升工程的通知》（苏教基〔2017〕4号）中明确提出：重视全过程的校园物型课程建设，体现物态造型的教育价值、课程意识、学科文化、人文寓意和学生身心需求。2018年6月1日，由江苏教育报刊总社牵头实施的"物型课程建设的研究与推广"被批准为江苏省基础教育前瞻性教学改革实验项目（重大研究项目）。从理论研究层面，教育部原副部长王湛，江苏省委教育工委副书记苏春海、徐子敏，江苏省教科院副院长王国强，知名教育专家杨九俊、成尚荣、彭钢、倪娟、操太圣等对物型课程的基本内涵、理论架构、实践原则等进行了专业指导。专家们认为，物型课程拓展了优质教育的内涵，拓展了发展素质教育的空间，拓展了深化课程改革的路径；物型课程是教育媒介功能价值的再发现，是对传统教育观念、课程模式、教学方式的再突破，是在新的时代背景下实现教育根本任务新路径新方式的新探索；物型课程项目为推动基础教育改革和江苏教育现代化开拓了新场域，贡献了新方案，探索了新经验；物型课程体现的最为重大的意义就是由物关联起学校全部的生活意义、价值所在，让学生从认识物体到探究物体最后转为对物的创造力，由此建构起课程；要从建筑美学的角度去理解优美的校园环境的特征和基本元素，由美学主客体间的对话，产生独特的体验、认知和情感，形成与显性课堂教学的功能互补。

在项目运作过程中，江苏教育报刊总社充分发挥媒体平台和组织优势，建构了以设区市执行学校为核心，中小幼各学段基地学校为主体的行动方阵，形成了执行学校、基地学校分层研建推进，五大区域研建联盟合作的立体化研建网络。同时，由全国、省知名学者，教育专业媒体专家，基础教育研究领域专家，及一线校长、骨干教师组成项目研究的专业团队，为项目实施提供专业保障。江苏一大批名校名师参与到物型课程研建之中。项目研建始终坚持"贴近学校现场的实证研究与基于证据的教育思考"，在区域调研、区域研讨和学校行动研究中不断开展概念反思、逻辑反思和实践反思，致力于结构更为丰满系统的课程形态与结构，物型课程研究成果不断涌现，截至 2020 年 9 月，《人民教育》《江苏教育》《江苏教育报》等媒体以专栏、专版的形式，刊载了近 40 篇物型课程研究文章。项目组分别在张家港市实验小学、淮安市周恩来红军小学、常州市武进区星河实验小学、阜宁师范学校附属小学、南通市通州区实验小学、南京市金陵中学河西分校举办了物型课程专题研讨活动，形成了在实践研讨中实现理念推进升华的双螺旋式的理论建构路径。

学校空间变革—场馆建设—课程建构—教与学方式演进—儿童学习意义重构……从立项到研建推进的两年时间里，项目组逐步形成了自己的理念架构。在物型课程的概念界定上，我们认为物型课程是以物为载体，以型为着力点，以学习者能力素养提升与意义建构为核心的综合化课程体系，是学校物质空间教育意蕴的总体设计和综合育人载体，是国家整体教育观统领下的校本课程探索与实践。物型课程从中国古代的格物致知思想、马克思主义唯物史观、现代建构主义环境理论中汲取教育智慧，充分挖掘"物"的教育意蕴，开发覆盖整座校园的课程资源、物型育人模式具有"以物育人""在场学习""全域学习生态""文化塑形""智慧情境探究"等特征，重点培养学生 5 种能力——"物道"，即道德养成；"物理"，即学习能力；"物情"，即人格情感；"物趣"，即审美能力；"物行"，即实践能力。

物型课程超越传统的环境课程和学科课程，整合教育、建筑、文化等资源，形成贯通办学理念、历史、特色的综合课程,也是符号性的个性化校园课程。物型课程通过空间形态、学习方式的深度革新来全面升级校园建筑设施的教育意蕴,升级学习空间及其价值,实现主体赋权,它试图建构一种全新的学习系统,整个校园就是一个"活着"的学习系统,它提供一个全域的生长的学习情境系统,使学习者置身于真实生活,置身于本原世界,通过手脑体验感知、智慧情境互动等新型教育方式,在元认知层面实现主体知识建构与意义生成。公共教育系统负责提供主体教育资源支持,学习者在全域学习系统中获取智慧给养,建构深度认知,其创造性发现与探究亦可为全域学习系统不断带来新的生长点。由此,物型课程建构着一种公共教育体系与个体学习方式有机融合、系统生长的新型教育生态。

　　教育理念的产生与演绎始终是在教育实践的土壤中生发的,也必然离不开教育实践的历史检验。但凡真正有历史价值的教育理念,无不遵循这样的发展规律——由教育实践产生教育命题,由教育命题产生教育概念,由教育概念推演教育命题,由教育命题指导教育实践,这是一个循环往复、螺旋上升的过程。物型理念的产生发展就遵循这样的逻辑。相应的,作为《江苏省基础教育前瞻性教学改革实验项目(重大研究项目)"物型课程建设的研究与推广"成果系列丛书》,在结构方面也必然遵循这样的基本逻辑。《物型课程 理论探索与实践路径》是项目整体理论体系与实践框架,《蕊春物语 物型课程的探索与实践》《教育与设计 物型课程场馆建设的维度》《物型课程 教育的空间诗学》《物型课程 打开创想城里的儿童学习》4本专著分别从课程范式研究、场馆设计与课程建构、教育的空间变革、未来学习方式转型等维度对物型课程进行了全方位解读。其理论内核紧密相关,呈现维度各自不同,既可以相互印证,又得以相互补充,五位一体共同构成物型理念与实践的开放、多元化系统。

　　当然,我们非常清楚地认知到,尽管物型课程是在传统优秀文化和教育智慧结晶中不断孕育生长的系统,它充盈着丰富的活力和可能,但它还处于理论体系和实践形态的雏形阶段，仍然不尽完善，其存在或超越唯有赖于长期教育实践的历史检验。

我们所探索的课程变革和共同期待的物型未来，是为着推动教育现代化迈进更深刻细致的内涵，为着每一所校园更充实教育意蕴，为着每一个生命更全面发展，愿我们终将相会于这样的时空。谨以此套丛书的出版作为2020年的一次见证。

孙其华

（江苏省教育信息化中心主任，教育学博士、编审）

目 录

第一章 物型课程的理解 ········· 001

第一节 物型课程的提出及推进 ········· 001
　一、物型课程的提出 ········· 002
　二、物型课程成长的两个阶段 ········· 003
　三、物型课程推进的特点 ········· 008

第二节 物型课程的概念 ········· 009
　一、既有的对物型课程的解释 ········· 009
　二、物型课程的概念 ········· 010
　三、与传统环境课程的区别 ········· 012

第三节 物型课程的要素 ········· 013
　一、物型 ········· 014
　二、课程 ········· 016
　三、学习者 ········· 017

第四节 物型课程的渊源及支持 ········· 020
　一、格物致知 ········· 021
　二、建构主义学习环境理论 ········· 024
　三、学校建筑学 ········· 028

第二章　物型课程的价值与功能 ……………………………………… 033

第一节　物型课程的价值 …………………………………………… 034
一、创新学校育人模式 ……………………………………… 034
二、丰富课程理论形态 ……………………………………… 038
三、改变教育教学方式 ……………………………………… 043
四、推动师生关系转型 ……………………………………… 047

第二节　物型课程的功能 …………………………………………… 050
一、促进学习意义建构 ……………………………………… 051
二、助推校园空间变革 ……………………………………… 055
三、升格校园文化建设 ……………………………………… 061
四、转变教师育人理念 ……………………………………… 065

第三章　物型课程开发与实施的基本理念 ……………………………… 071

第一节　物型课程开发与实践的价值坐标 ………………………… 071
一、整体育人：物型课程开发与实践的价值原点 …………… 072
二、物—型—人：物型课程开发与实践的系统建构 ………… 072

第二节　物型课程开发与实践的内涵定位 ………………………… 074
一、物型课程开发的基本内涵与理路 ……………………… 074
二、物型课程实施的基本内涵与取向 ……………………… 076

第三节　物型课程开发与实施的本质特征 ………………………… 079
一、课程资源建设：从单一空间结构转向全域学习空间再造 …… 079
二、学习方式转型：从知识供给转向在场学习支持 ………… 080
三、课程组织形态：从"双主体"教学转向共同体发展 ……… 080

第四章　物型课程开发与实施的实践逻辑 ……………………………… 082

第一节　物型文化顶层设计和系统开发 …………………………… 084
一、物质文化 ………………………………………………… 085
二、课程文化 ………………………………………………… 091

三、精神文化 ··· 093
第二节　全域课程资源建构和功能开发 ······························· 098
　　　一、物型资源系统：建构"物型生活图景" ······················ 099
　　　二、物型学习系统：创设全域学习环境 ···························· 102
　　　三、共同体要素整合：重构系统学习生态 ······················· 105
第三节　物型课程组织形态和范式开发 ······························· 106
　　　一、教育者：跨界综合——创建具身学习生活图景 ············ 108
　　　二、学习者：探究生成——推动物型课程迭代进阶 ············ 119

第五章　物型课程的评价体系 ·· 127
第一节　构建物型课程评价体系的意义 ······························· 127
　　　一、检验物型课程建设的效果 ······································ 127
　　　二、提高物型课程建设的水平 ······································ 128
　　　三、保证物型课程建设的方向 ······································ 128
第二节　物型课程评价的原则 ·· 129
　　　一、以发挥评价支持作用为导向 ··································· 129
　　　二、以多元化成员为评价主体 ······································ 130
　　　三、以目标和过程相结合为评价思路 ····························· 130
　　　四、以综合化的数据信息为评价依据 ····························· 130
第三节　物型课程评价的内容 ·· 131
第四节　物型课程评价的指标体系及研建阶段 ······················ 133
　　　一、以项目实施方案为依据的标准制订与实施阶段 ··········· 133
　　　二、进一步以物型课程的三大要素——"物""型""人"作为一级指标的
　　　　　主题词，并以此为纲重组二级指标阶段 ······················ 135
　　　三、在项目中期评估会议上正式发布并实施《物型课程建设发展水平指标
　　　　　体系》阶段 ·· 142

后记 ··· 149

第一章　物型课程的理解

"物型课程"是一个新词,从酝酿到现在,还不到 10 年时间,第一次见诸媒体,也只是 7 年前的事。时至今日,物型课程已成为江苏众多学校的创新实践,有近百所中小学校参与实验和研建。《人民教育》《江苏教育》《上海教育》《江西教育》等教育专业媒体陆续刊发了关于物型课程的理论思考和实践成果。如何理解物型课程,这个概念能否立起来,是首先要回答的问题。

第一节　物型课程的提出及推进

物型课程这一概念,是江苏基础教育的原创,由时任江苏省教育厅基础教育处处长的马斌首先提出并在工作实践中大力传播推广。作为一个概念或理念,物型课程的成长过程大致可分为两个阶段:一是文章探讨、会议研讨,二是项目推进。

一、物型课程的提出

2013年12月4日,《江苏教育报》发表了马斌的《物型课程:环境育人的新维度》一文,这是"物型课程"第一次见诸报端。文章从对环境课程的聚焦和提升出发,意图开拓环境育人的新境界,其提出:物型课程旨在创新环境的课程意识,指向在物,关键在型,突破在课程,目的在育人,重在"物"的文化塑型及课程意象,致力于对"环境—文化—教育—课程"的不断探求。文章还列举了物型课程建设的四重空间:室内空间、室外楼内、楼外校内、校园之外[1]。

2014年,在常州市武进区星河实验小学的一次研讨会上,马斌进一步阐述了物型课程的概念及内涵。2016年4月,在昆山市千灯中心小学举行的江苏省小学特色文化建设推进会上,马斌进一步界定了物型课程的四大文化,并在此基础上形成系列文章——《地表文化:追求天人合一的自然境界》《空间文化:构建知行合一的识见维度》《学科文化:创生手脑合一的智慧教学》《格物文化:提升物我合一的精神品质》,发表在当年的《江苏教育报》上,分别用以探究物型课程建设的四个维度——地表文化、空间文化、学科文化和格物文化。

马斌提出物型课程的重要背景是江苏省当时正在全面推进普通高中课程基地建设、小学特色文化建设等系列内涵提升建设项目,这些项目既有内涵性目标要求,也有硬件建设(以设施建设为主)内容,出现了一批追求教育教学创新的专门场馆、廊道等。此时提出物型课程建设,对各地各校新建教育教学设施要关注"文化塑型和课程意象"有着重要的提醒和引导意义。这一新概念的提出得到了积极的响应,也引起了专业媒体的关注。这些都为物型课程的广泛传播和进一步推进奠定了基础。

---

1 马斌.物型课程:环境育人的新维度[N].江苏教育报,2013-12-04(2).

二、物型课程成长的两个阶段

第一阶段：文章探讨、会议研讨

2017年5月，江苏教育报刊总社在昆山市娄江实验小学举办"物型课程圆桌论坛"，成立物型课程研究中心，27所学校成为首批"物型课程研建基地"。马斌在研讨时指出，优秀的物型文化能让师生在崇尚美好人性、塑造完美人格、追求幸福人生的过程中逐渐形成自己的价值观、人文精神及道德情操，各学校都要注重地表文化、空间文化、学科文化、格物文化四大文化创新，让各类育人资源以多种渠道和方式向师生鲜活呈现。时任江苏教育报刊总社社长的孙其华认为，物型课程作为江苏省基础教育的"原创"，打破了传统的课程分类，旨在实现学校基础设施建设的突破与超越，推动学校管理、教育教学的创新，尤其是推动校园生态的重组和再建。

同年12月，江苏教育报刊总社在南京市金陵小学举行了物型课程现场推进活动，研讨物型课程建设的意义、内涵、具体表现和实施途径。著名教育学者成尚荣认为，物型课程属于校本课程，是显露课程，是新时代的环境课程，是学习之境、实践之物、创造之器、体验之花。江苏省教科院基础教育研究所倪娟博士认为，物型课程把社会跟学校沟通起来，把生活与教育关联起来，让"教学做合一"在学校得以实现，因此，物型课程是对陶行知生活教育理论的一种创新性改造。物型课程的重要意义是由物关联起学校全部的生活意义、价值所在，由此系统化建构课程。

2018年5月，江苏教育报刊总社召开物型课程专题研讨会，认为物型课程"放大了校园"，赋予校园更丰富的教育内涵和元素，特别注重社会主义核心价值观在校园设施中的真实践行，让校园设施更多地站在儿童立场，突出男女平等，关注学生更多身心需求等，使意识形态教育和主流价值观教育在校园中更加"润物无声"。

第二阶段：项目推进

2018年6月，江苏省教育厅印发《关于公布2018年基础教育前瞻性教学改革实验项目的通知》,"物型课程建设的研究与推广"被批准为省前瞻性重大项目。至此,物型课程进入重要实验项目推进阶段。作为项目牵头单位,江苏教育报刊总社组建了专门的项目团队,研制了实施方案,有计划地开展一系列推进活动。

2018年10月28日,江苏教育报刊总社在张家港市实验小学举行"物型课程建设的研究与推广"启动研讨会。该校校长刘慧以"小径分岔的花园——一所小学校园的美学散步"为主题,展示了一所学校物型课程建设的生动样态。教育部原副部长、江苏省原副省长、国家基础教育课程教材专家工作委员会主任王湛在讲话时表示,"物型课程建设的研究与推广"项目拓展了优质教育内涵、素质教育空间、课程改革路径,让学校真正成为充满诗意和活力的驿站。他强调,项目一定要坚持立德树人根本任务,把立德树人作为出发点和落脚点,遵循课程规律,不断提升研究和推广水平。时任江苏省教育厅副厅长的苏春海也发表了讲话,认为物型课程是对传统教育观念、课程模式、教学方式的再突破,是在新的时代背景下对实现教育根本任务新路径、新方式的新探索。

"物型课程建设的研究与推广"启动研讨会现场

2018年12月10日,江苏教育报刊总社在淮安市周恩来红军小学举行"物型课程建设的研究与推广"专题研讨活动。该校校长管晓蓉介绍了该校结合自身独特内涵,整合地方资源,精心建设"八园四楼一场馆""十塑三廊一中心""三院两墙一红塔",同时构建了"三色课程"体系,开拓了学校发展的新视野和学生成长的新空间。马斌围绕"物型课程：以象激学的教育创新"这一主题，从物型课程的概念内涵、内容路径、作用表现、理论根源及未来愿景五个方面进行了全面而深入的阐述。他认为，物型课程是指以儿童能力素质发展为目标，以知识和见识的物态造型为载体，以人与物的在场互动为教学形式的综合课程。物型课程的作用在于开建了课程新形态，开创了教育新要素，开启了教学新模式，开辟了素质教育新路径，开发了师生新关系。他还指出，要以物型课程建设学习工坊、学习工场，创新校园文化，打造知识容量、审美含量和教化力量"三合一"的立体知识校园。物型课程项目执行学校代表围绕"物型课程在核心价值观培养中的隐性教育价值"这一主题展开了研讨。南京市金陵小学校长林慧敏认为物型课程改变了学生的学习方式，凸显了立德树人的根本价值。时任南京市金陵中学河西分校校长的朱焱指出物型课程是显性和隐性的统一，要逐步实现从"物形"到"无形"的教育转变。阜宁师范学校附属小学校长周文斌提出要充分发挥物型课程的导向功能、涵化作用和互补作用。镇江崇实女子中学校长顾康清表示要将学校的"三个群八中心"进一步打造为全面落实社会主义核心价值观的重要"物型"阵地。昆山市娄江实验学校原校长储昌楼指出物型课程就是充分发挥物的课程意向，以环境育人、物型建构、课程开发为核心，从而实现文化塑情育人效果的具有时代特征、中国特色的校本化课程。孙其华认为，应进一步发掘校园物态的文化育人价值，促进学校物型课程建设的转型升级，以校本化的方式探索社会主义核心价值观教育的新时代路径，"当你进入一个学校的时候，如果没有人给你介绍，你就能感受到这个学校的文化，那么，这个学校在做的就是物型课程"。

2019年1月14日、15日，以"场馆课程与在场化学习"为主题的2018年江苏省基础教育前瞻性教学改革实验项目（重大研究项目）"物型课程建设的研究与推广"专题研讨活动在常州市武进区星河实验小学举行。该校校长庄惠芬以"打开脑，儿童创想城的物型密码"为主题介绍了学校物型课程的建设样态。马斌围绕"物型课程：传承经典文化的教育表达"这一主题，从物型课程的历史方位、

时任江苏教育报刊总社社长孙其华、江苏省教育科学研究院基础教育研究所所长倪娟与项目学校常州市武进区星河实验小学学生交流

实践创造和未来世界三个方面进行了深入阐释。他指出,物型课程通过人物互动的在场学习和具身浸润,能够增强学生的学习动力、实践能力和综合素养。他强调,物型课程建构在"课",应当与国家课程相匹配,进一步创新与国家课程相呼应的主题性实践课程。孙其华以"学校建筑学:物型课程的奠基"为主题,从我国学校建筑研究现状、我国学校建筑实践历程及学校建筑与教育学三个方面对物型课程的基础理论支持进行了阐释。他由教育学立场观照学校建筑并在此基础上进一步指出,物型课程是集教育、历史、文化和建筑于一体的综合命名、超级概念和实践体系,同时也是跨界、跨科、跨时的新教育理念、新教学模式、新学校治理方式和新文化建设途径。

2019年5月19日,以"重构儿童学习的意义"为主题的江苏省基础教育前瞻性教学改革实验项目(重大研究项目)"物型课程建设的研究与推广"专题研讨活动在南通市通州区实验小学蕊春大剧院举行。该校校长王笑梅作《物型课程:重构儿童学习的意义》主题报告。她指出,物型课程指向高感性智慧,是人工智能时代的自然选择;物型课程抵达一种"完形存在",是儿童认知历程的灿然可视;物型课程成全儿童的"有机学习",是学习意蕴重构的"童然宇宙";物型课程追求"神与物游",是构建儿童学习的超然境界。她认为,物型课程是一种场域,是超越单一的知识、概念符号、公式文字的另一种存在,在物型课程的学习中,儿童打开感官,学习实现身体在场、对话在场、情感在场和发现在场。物型课程延展了儿童学习的广度、深度,改变了儿童学习的形态与质态,赋予儿童学习的温暖与美丽,引领儿童追寻学习的主旨与归宿。在这样的框架下，儿童将在学习过程中经历"物是物""物是我""物非物"的境界超越，与物有宜、忘情融物。马斌作了题为《物型课程：化万物以育人》的主题讲座，从物型课程的概念内涵、建设内容、化物育人、行高致远、尽职立业五个方面对物型课程的发展进行了解读，从亮点、难点、特点、归宿等方面对物型课程的概念进行了阐述。他认为物型课程追求天人合一的自然情境，构建知行合一的识见维度，创新手脑合一的智慧教学，炼成物我合一的精神品质。物型课程面向全域、面向未来，和改革创新、弘扬经典、科技兴国的时代要求相融相合。

2019年10月20日、21日，"物型课程建设的研究与推广"专题研讨活动暨项目中期汇报会在南京市金陵中学河西分校举行。该校校长穆耕森以"物型课程的新维度——学校空间的重新定义与价值考量"为主题，从物与物的关系、物与人的关系和人与人的关系视角对学校物型课程的建设情况进行了介绍。金陵中学河西分校的老师和同学们则通过课程叙事的方式进一步展现了物型课程对学校教育教学的意义。省委教育工委副书记徐子敏在讲话中指出，江苏教育报刊总社作为专业教育媒体集群，牵头开展"物型课程建设的研究与推广"这样的重大研究项目，是江苏教育报刊总社"媒体+智库"战略实施的一次再迈进，是专业引领方式的丰富和拓展，是智库战略的深入实施。物型课程项目为基础教育改革开拓了新场域，这不仅仅是基础教育内涵发展过程中的一次概念创新，更是对教育教学如何结合儿童生活实际、儿童发展规律的一次系统性反思与创新性实践，是课程建设从理念体系到实践形态的整体性探索。

南京市金陵中学河西分校"物型课程建设的研究与推广"专题研讨活动暨项目中期汇报会现场

三、物型课程推进的特点

物型课程的传播和推进是教育行政、专家学者、项目执行学校和专业媒体共同努力、形成合力、产生张力的结果。从专家学者方面来说，王湛、杨九俊、成尚荣、陆志平、彭钢、倪娟、张晓东等专家热心指导、深度引领。由于物型课程是一个新生事物，究竟成效如何，学校的回答是决定性因素，因此，参与研建的学校的探索与实践就显得尤为重要。而事实上，这些执行学校也用各自的智慧和创新探索丰富了、深化了物型课程的理论与实践建构。张家港市实验小学的"小径分岔的花园般校园"、南通市通州区实验小学的"蕊春园"、常州市武进区星河实验小学的"创想园"……在一定意义上，正是这一个个充满魅力、活力的物型课程的校园样本，诠释了物型课程的影响力，坚定了我们对物型课程的信念。

与此同时，一批校长、教师撰写理论文章，深入思考物型课程的内涵和形态。王笑梅的《物型课程：重构儿童学习的意义》《让师生拥有沸腾的审美生活》，刘慧的《教育不是传授，而是"遇见"——江苏省张家港市实验小学校园的美学漫步》，林慧敏的《基于物型文化的校园文化构建》，朱爱华的《物型课程的三重境界——江苏省如皋师范附属小学物型课程研发实践》，储昌楼的《让"物型"为学校"塑形"——〈物型课程建设发展水平指标体系〉解读》，周文斌的《物型课程开创儿童学习的别样洞天》，夏春娣的《让校史"活"在校园里》，刘婷、邓莹的《物型课程的三度空间》……这些文章，与专家学者的引领一起，成为推进物型课程的重要实践力量。

第二节　物型课程的概念

从概念本身的属性来看，概念的内涵与外延成反比关系，内涵越多，外延越小；内涵越少，外延越大。物型课程的概念目前似乎属于后一种情况，人们对物型课程内涵的共识正在凝聚之中，有一些内涵尚待集体确认，因而物型课程的外延还较大。这也符合通常情况下作为创新的、前卫的、潮流的、有未来趋势的概念的发展规律，即内涵越来越聚焦，从相对开放走向相对集中。

一、既有的对物型课程的解释

目前，对物型课程的理解大致可分为四种：一是"综合课程说"，如马斌认为物型课程是重在"物"的文化塑型及课程意象，以知识和见识的物态造型为载体，以人与物的在场互动为教学形式的综合课程。二是"审美说"，如刘慧的校园美学、庄惠芬的"构建有利于学生审美发展的课程形态"、王笑梅的"校园成为审美境场""美：看得见的学校竞争力"等。三是"校园文化说"或"学校文化说"，如林慧敏的"教育千古事，始于一景中"、夏春娣的"将女中文化与中华优秀传统文化融合在校园文化建设中，固本铸魂"等。四是"育人模式说"，如陈燕飞、储昌楼的"娄江小学德善物型课程育人模式"、王笑梅的"物型课程重构儿童学习意义"、李菊梅的"创新书院育人机制"、王新的"基于物型课程的幼儿学习生活重构"等。

上述理解有一个共同特征，即没有将物型课程局限于某一具体学科，而是从学校文化、美育、劳动教育、特色等视角探讨物型课程，进而提升到育人模式。这是非常重要的一个共识。其一，物型课程如果停留在某一学科，就失去了其独立的课程概念的意义，也就是说只会成为某种课程的构成内容。物型课程超越一般学科课程，是跨科跨界的综合课程。其二，物型课程是对现有学科课程的重要补充，强化了校园文化和学校特色，是传统环境教育的创新和突破，将带来育人方式的改革。

二、物型课程的概念

要更好地理解物型课程，不妨换个角度，即借助物型课程的三类状态（三级发展水平）来思考。

其一，物型课程的一般阶段或点状影响水平，即赋予校园里的某一处建筑或某一景观以教育意义，其朴素的表达类似于"让每一面墙壁都说话"。我们常见的如一些校园里的某一塑像（或创校人，或校友）、文字介绍，连同该人在学校发展过程中的影响、校史馆（室）中的陈列、学校重要节庆中的呈现，共同组成一种校本课程。

其二，物型课程的较高阶段或面上影响水平，即赋予校园多方面设施或景点以教育意义，其朴素的表达类似于"三步一景，五步一观"。在当下的许多校园里或已见到这样的状态，特别是一些学校把诸多景观集中在一个区域，把多个文化要素成片呈现，或成"园"，或成"苑"。

其三，物型课程的高级阶段或立体影响水平，即以整个校园为载体、全体师生为主体、学校文化为本体，体现学校整体意蕴，其朴素的表达类似于"全园育人"。在这样的校园里，物型课程是集中体现学校理念和办学追求、办学特色的最具代表性的融合课程。

由此，物型课程可以理解为学校物质空间教育意蕴的总体设计和综合育人的载体。

物型课程是综合课程。这个综合，不仅体现为对实践课程、活动课程的综合，还体现为对跨学科课程、校本课程和地方课程的综合，对隐性课程与显性课程的综合。从这些角度来说，物型课程的综合课程属性有四点：一是课程目标的综合性。一般课程强调学生掌握学科知识的完整性及相应的应用能力，物型课程的目标则不仅指向学生所应掌握的知识，更侧重学生的精神性收获，包括学生的动手参与和情感体验。二是知识或内容的综合性。一般课程主要以学科的知识体系为核心，物型课程则以综合知识学习、实践活动和文化陶冶的专题性知识版块或主题性知识为主，以项目化学习方式实施。三是课程形式的综合性。一般课程以课堂教学为主，物型课程则是以现场体验、实践参与为主，更具开放性、互动性和体验性。四是课程评价的综合性。一般课程以目标评价、可量化为主，物型课程则强调目标评价和过程评价并重，综合线性评价和非线性评价。

物型课程是特色课程。物型课程建立在学校特定的物质空间、校园设施基础上，与学校特定的历史、文化相契合，因而物型课程是某一学校特定的课程，具有校本化、个性化特征。一是体现学校建筑特色。物型课程离不开校园建筑设施，赋物以意，依物生意。越来越多的地区，在建设学校时重视在图纸设计阶段即让学校介入，在设计中充分考量学校理念、愿景等元素，使更多的学校建筑彰显个性化。千校一面的现象日趋减少，这为物型课程的深度推进奠定了重要的物质基础和空间前提。二是体现学校文化特色。物型课程是学校文化的物化表达，学校文化是物型课程的灵魂。如同一校一品，物型课程是一校一特色。特别是物型课程达到较高阶段或最高阶段时，更是成为融学校文化、办学特色为一体的集中载体。

物型课程是学校标志性课程。如上一段所述，物型课程是体现学校建筑特色、文化特色的课程，是学校的符号。其一，物型课程融合学校物质空间与精神空间的价值，最能体现学校跨科跨界的课程领导力，是学校课程生发能力的代表。物型课程既需要有让墙壁说话的"物活"能力，也需要有让师生与其对话的"物用"能力，更需要有让校园物质空间连通起来，构成体系，成为"物课"的能力。在一定意义上，物型课程是一个学校课程的核心竞争力所在。其二，物型课程紧密关联学校文化，甚至直接代表学校文化，是贯通学校核心要素的课程，是最能承载和体现学校内涵的课程。通过物型课程，我们不仅能看到学校校本课程的站位，更能看到学校课程的品质。

三、与传统环境课程的区别

新时期，国家进一步加大中小学课程体系建设创新力度。作为一次创新探索，物型课程遵循教育规律，对传统的环境课程进行结构性革新，融入中国文化元素，综合多学科特征，旨在放大校园环境的育人效果。物型课程是对环境课程的聚焦和提升，是环境育人的新维度、新探索[1]。传统的环境课程重在学科和知识，是某一门学科的教学目标、内容、活动方式等诸多方面的总和。物型课程是新型的课程，物是载体，型是着力点，课程是核心，重在物的文化塑型和课程意象。物型课程是具有中国文化特征和时代特质的新型课程探索，为中国原创课程理论建设提供参考。

关于理论支撑。传统的环境课程主要有两个理论来源，一是某一门学科的专业知识体系，二是教育学的课程与教学论。相比之下，物型课程的理论支撑更加丰富，集课程与教学论、跨学科知识、学校文化学、学校建筑学等为一体。

关于课程性质。传统环境课程是以单个学科为中心，按照自身的知识体系，传授定理、方法、价值观等。物型课程倡导学科间的融合，探索开发培养学生综合素质的跨学科课程和主题课程。

关于课程场域。传统环境课程以课堂教学为主阵地，场所较单一。物型课程建构全域学习生态，场域更加多样，除了课内教学，还包括课外实践与活动，覆盖学生的整个校园生活，有利于实现整体性的育人效果。

关于课程组织与实施。传统环境课程主张"老三中心"说，即教师、教室、教材。物型课程倡导"新三中心"，即学生发展、环境意蕴、在场体验。

关于学习方式。传统环境课程以教师讲授为主，教师是施教者，学生是接受

---

1 马斌.物型课程：环境育人的新维度[N].江苏教育报，2013-12-04（2）.

者，教学是单向的、一对多的。物型课程认为，学生应分享一定的学习权力，要身临其境、身体力行地学习，具身学习、体验学习、情境学习是主要的学习方式。

关于评价方式。传统环境课程的评价标准整齐划一，主要采用终结性评价。物型课程的评价不仅更加开放多元，鼓励差异性，而且侧重形成性评价，强调"评价是为了更好地改进"。

关于目标与功能。传统环境课程关注学科知识的育人功能。物型课程致力于使校园环境育人功能最大化，建构全域性学习环境，发挥立体育人效果，全面提高学校的育人品质与境界。

	传统环境课程	物型课程
理论支撑	单一学科知识体系、课程与教学论	跨学科知识、课程与教学论、学校文化学、学校建筑学等
课程性质	学科课程	综合课程
课程场域	主要局限在室内	全域学习生态
课程组织与实施	以教学为中心，强调教师、教室、教材	以学习为中心，强调学生发展、环境意蕴、在场体验
学习方式	以教师讲授为主	多样化的新型学习方式，例如具身学习、体验学习、情境学习
评价方式	整齐划一的标准，终结性评价	开放多元的评价，形成性评价
目标与功能	学科知识的育人功能	校园环境育人功能的最大化

第三节　物型课程的要素

目前，研究者主要从文化的角度分析物型课程的构成要素，代表性的观点是马斌的地表文化（自然景象）、空间文化（人造景观）、学科文化（学科知识）和格物文化（物我合一）[1]。地表文化是指校园表层所呈现的赋予课程意义、教育文化的物型资源，追求天人合一、物我同一，包括校园规划、植被配置、铺装技巧、景观小品[2]。空间文化是指校园建筑空间和立面上的教育文化资源的综合，要求知行合一，强调实践主动性，包括建筑造型、廊道文化、室内革新、外墙气度[3]。学科文化是指围绕学生的学科文化，开发和呈现学科的文化内涵，在做中学，多种感官并用，提升学习效率。格物文化，意在探究事物的道理并用以矫正人的行为的文化追求，通过物我合一，培养学生的器物精神，具体表现为对物件的钟爱，延伸至对学习注入情操和人生态度，包括敬物、佩物、集物、创物和感物[4]。虽然这种划分仅仅基于文化的视角，但是不难看出，物、知识、人三个部分是共性的，构成了物型课程的主要要素。我们认为，从课程与教学论本身出发，凸显物型课程是借鉴建构主义学习环境理论的中国探索，从而提出了"三要素"说：物型—课程—学习者，物型是基础，课程是核心，学习者的能力发展是目标。

一、物型

以"学"为中心的校园空间设计是一种基础教育校园建设的国际趋势。伴随信息技术的发展和教育体制机制的改革，人们越来越不满足于火柴盒式、工厂式的校园建筑和方格网状的环境。现代校园设计已经逐步呈现出多元化、开放式、个性化的环境，主要呈现五个方面的特点：一是多功能开放的空间取代传统的封闭型普通教室；二是学校空间由"以教为主"转向服务学生的"以学习过程为主"；三是学校环境越来越生活化、人情化，色彩、造型及空间形式越来越多样；四是学习空间越来越向社会和社区开放与融合；五是校园空间的设计与小课程的开发创新、学生的学习体验紧密结合。

1　马斌. 物型课程：化万物以育人［J］. 人民教育，2019（9）：20.
2　马斌. 学科文化：创生手脑合一的智慧教学［N］. 江苏教育报，2016-05-20（3）.
3　马斌. 空间文化：构建知行合一的识见维度［N］. 江苏教育报，2016-05-18（3）.
4　马斌. 格物文化：提升物我合一的精神品质［N］. 江苏教育报，2016-06-22（3）.

在这样的背景下，物型既有"物"，也有"型"。"物"是载体，既指自然物质，也指经过设计的具象物体。"型"指向物型课程特有的核心素养，是教育者的意蕴期待，也是学习者的学习成果，凸显以结果为导向的国际课程趋势。物型是个广泛的概念，既指具有教育意义的物质与空间、经过整合的学习资源，也指万物中所蕴含的对学习发展的启示。前者侧重于实体的客观世界和多主体提供的资源和支持，后者侧重"器物精神"蕴含的美学意蕴，有潜移默化的育人影响，形成人的审美文化价值取向，改变和提升人的精神世界。具体来说，就是价值观念、信仰信念、道德情操、审美情趣、思维方式和态度风格等。总体而言，在整个物型课程建设中，物型是前提和基础。

物包括物质与空间、资源与支持。物质与空间分为两个部分：一是在场学习空间，与学科和知识密切相关。二是全域学习生态，侧重于打造凸显校园特色的环境，重视现代信息技术的应用。资源与支持也分为两个部分：一是判断实体的空间和环境是否被充分利用。二是学习资源平台的搭建，这是重点，包括学科间的合作、班级间的合作、家长参与度、校际合作、学校与社区的互动。

在物型课程中，除了实体的"物"，还有虚拟的"物"，即互联网所拓展的空间与想象力。《中国教育现代化2035》中指出："推动信息技术与教学深度融合，充分利用虚拟现实和增强现实技术，建设智能学习空间和学习体验中心等，推行场景式、体验式、沉浸式学习。"信息技术在物型课程中的应用主要有：一是以互联网为基础的智慧化校园工作、学习和管理一体化环境，连接校园网中的各个物件，连接人与人、人与物、物与物。二是智能教育分析系统，通过慕课和人工智能，将在线学习提升到新的层次，实现海量学习资源与个体需要的高度统一。三是让信息技术展示"物型"的立体性，以视、听、触等多面感受，打开学生的想象力，丰富对物的认知。

"型"是指物型课程的育人标准、育人范型，主要通过引导学生成长的价值取向来定义。"型"坚持立德树人的根本任务，将思想道德教育、文化知识教育、社会实践教育等落实在各个环节。"型"拓展了优质教育的内涵，使学校物质空间成为学生生命成长的有机环境，赋予"学有优教"以丰富内涵，让学校真正成为学生生命中一个充满诗意、充满活力的学习场域。"型"丰富了素质教育的空间，将学生的"物型"素养、人格品质、能力、价值观与学生的成长环境、生活环境更好地交融，尤其是探索环境对学生成长的影响。

二、课程

课程是物型课程的核心。只有通过课程开发与实施，所有的物型才具有指引性和方向性，育人目标才更加明晰，才能更好地促进儿童素质和能力发展。物型课程的课程意象集中表现在以下五个方面：一是物情。创设万物于人皆工具的物型氛围，将校园建设与教育价值、课程开发、学科文化、专业创造等有机结合起来。学校创建学科之境，学生乐享学习之美。二是物语。创建与教学内容相融的校园造型，赋予校园环境更加显现的课程寓意，在有更多教育体验的课程实施中提升校园品位。三是物道。创立求物之道的课堂生态，通过开发丰富而有美感的课程资源，重构学习空间，让学术形态的内容以教育形态、生活形态呈现。四是物场。创新主动利学的学习工场，丰富有趣的物型课程，是对校园生态的重新定义，即通过不断增加校园建设中的课程价值和审美趣味来构筑向学的立体校园和知识空间，使之成为人与物、人与人之间对话交流的丰厚土壤。五是物境。创造共同的生命栖居所。物型课程重在"物"的文化塑型及课程意象，特别注重研究校园环境的优化、物象氛围的调整等。

物型课程分为显性课程和隐性课程。显性课程也叫显在课程、正规课程、官方课程，指的是为实现一定的教育目标而正式列入学校教学计划的各门学科以及有目的、有组织的课外活动。例如，南通市通州区实验小学的"蕊春园"文化课程、如皋师范学校附属小学的暮鼓课程和大成礼仪课程、无锡市藕塘中心小学的少年农学院课程、扬州市汶河小学的国学特色选修课程等。隐性课程也叫潜在课程，是指在课程方案和学校计划中没有明确规定的教育实践和结果，但它属于学校教育经常而有效的组成部分，可以看成是隐含的、非计划的、不明确或未被认识到的课程。例如，常州市新北区春江中心小学的闲暇教育、镇江崇实女子中学的校史文化、常州市武进区星河实验小学的教室布局。对于物型课程建设的目标而言，隐性课程比显性课程起着更重要的作用，隐性课程的直接目标是形成"处处是教育之处，时时是教育之时，人人是教育之人"的教育氛围，采取间接的、内隐的方式对学生施加影响，以一种环境熏陶、非言语暗示与情感交流的方式更容易引起和激发学生心灵深处的共鸣和主动感知，从而改善自己的言行。

物型课程建设包括四个方面：一是物型课程的理念和文化。每所学校的情况不同，因此，没有放之四海而皆准的物型文化。每所学校都应根据自身情况，打造独具特色的物型文化。二是物型课程的组织，包括利用物的教学法、信息技术的应用、师生互动等。三是课程建设的内部质量保障，主要是课程开发、教师专业发展等。四是课程建设的外部质量保障，即获得政府、专家和同行的帮助与支持。

三、学习者

物型课程的目的是促进儿童能力和素质的发展。物型课程集认知、参与、创造为一体，建构了校园生活中"五育育人"更适宜的方式。遵循人的全面发展理论，物型课程重在培养五种能力与素养："物道"（道德养成）、"物理"（学习能力）、"物情"（人格发展）、"物趣"（审美能力）和"物行"（劳动素养）。

物型课程重视学生的道德养成，即"物道"。物型课程坚持立德树人的根本任务，旨在借助柔性的情境创设的方式，落实社会主义核心价值观。党的十八大提出，倡导富强、民主、文明、和谐，倡导自由、平等、公正、法治，倡导爱国、敬业、诚信、友善，积极培育和践行社会主义核心价值观。物型课程的情境创设，可以通过对相关主题的学习探究，吸引学生的注意力，激发学生学习动机或学习需求，唤醒记忆中的相关知识、经验、表象，去同化或顺应新的知识，完成对特定主题或问题的意义建构。因此，项目实施的关键是关注中国特色社会主义核心价值观的教育情境、学习情境的创设，一方面注重情境的真实性，另一方面关注学生思维的发展，在建构"空间诗学"中实现中国特色社会主义核心价值观教育的美好样态。

物型课程重视学生的知识养成，即"物理"。物型课程倡导基于情境认知理论的学科文化建设。学科文化就是围绕学生的学科学习，开发和呈现学科的文化内涵，在做中学，多种感官并用，提升学习效率。学科文化旨在通过视觉化的教学方式，创新教学形态，改变当前教育形式化、冷硬化的神态，让学术形态的内容以教育形态、生活形态的内容呈现，以学科文化魅力吸引学生热爱学习、迷恋学习。学科文化是物型课程内涵的重要载体，而作为重要学习理论之一的情境认知理论强调学习的设计要以学习者为主体，内容和活动的安排与人类社会发展的具体实践相联通，在真实的情境中，通过类似实践的方式组织教学，同时将知识和获得与学习者的发展、身份建构等统合在一起。因此，物型课程强调从情境认知理论的视角，将不同的学科文化同具体的学习情境联系起来，通过物型的桥梁，进一步创设学科、跨学科教学情境，从而实现教育的文化意蕴。

物型课程重视学生的情感发展，即"物情"。情感教育是与认知教育相对的概念，是完整教育过程中必不可少的一部分。情感教育指在课程教学过程中，教师要创设有利于学生学习的和谐融洽的教学环境，妥善处理好教学过程中情感与认知的关系，充分发挥情感因素的积极作用，通过情感交流增强学生积极的情感体验，培养和发展学生丰富的情感。一般而言，情感教育的目标包括三个：培养学生的社会性情感，提高情绪情感的自我调控能力，帮助学生对自我与环境以及两者之间的关系产生积极的情感体验。按照这三个维度，物型课程旨在培养学生的器物精神、实践活动中的合作精神、与大自然和谐共处的精神。

物型课程重视学生的审美发展，即"物趣"。美学是从人对现实的审美关系出发，以艺术作为主要对象，研究美、丑、崇高等审美范畴和人的审美意识、美感经验，以及美的创造、发展及其规律的科学。物型课程从校园全方位的美学关系唤醒学生内心，唤醒文化传承，唤醒教育本性。物型课程将"物型"作为学生学习、学校文化和意识形态的载体，同时也是

徐州市青年路小学物型活动

一种校园艺术审美对象，其本身具备审美取向，给人以美的感受和美的体验。"美"是物型课程的基本要素，探寻物型课程的美学意蕴实际上是对"物型"之美的本质追求与体验。在项目实施基础上，需重点探究物型课程独特的美学特征，提炼物型课程的美学表征范式，总结物型课程的美学样态，建构物型课程独有的美学体系。

物型课程重视学生的劳动能力培育，即"物行"。2020年3月，中共中央、国务院发布《关于全面加强新时代大中小学劳动教育的意见》，强调"劳动教育是中国特色社会主义教育制度的重要内容，要全面贯彻党的教育方针，坚持立德树人，把劳动教育纳入人才培养全过程"[1]。物型课程中的劳动教育，倡导教育与劳动结合，在知识学习之外有目的地让学生参与劳动，实现知行合一，获得身心全面发展；倡导劳动素养的培育，除了传统劳动教育中的知识、技能、方法传授之外，着眼于学生的终身幸福和全面发展，以培养学生劳动素养为核心，对"劳动精神面貌、劳动价值取向和劳动技能水平"进行全面建构；倡导独立设课与学科渗透相结合，打破学科之间、课堂内外、校园内外的边界。创新课程形态，完善劳动教育课程体系，充分实现课程育人的功能。具体到学生的劳动素养培育，主要是三个方面：一是"爱劳动"，强调"体会劳动创造美好生活""培养勤俭、奋斗、创新和风险的劳动精神"；二是"会劳动"，除了辛勤劳动、诚实劳动，还要创造性劳动，学会用新技术

---

[1] 教育部. 中共中央国务院全面部署新时代大中小学劳动教育 [EB/OL]. http://www.moe.gov.cn /jyb_xwfb / gzdt_gzdt/s5987/202003/t20200326_434970.html，2020-03-26.

和新方法创造性地解决世界问题；三是"懂劳动"，懂得劳动的复杂构成和表现形式，如脑力劳动和体力劳动、群体劳动和个体劳动、简单劳动和复杂劳动、创造性劳动和重复劳动等。

除了学生，教师也是学习者的重要范畴。教师领导力是教师发展的重要目标，所谓"教师领导力"，是指教师在一定的群体活动中，通过自身的专业权力以及所具有的非权力要素（如教师本身的知识、能力、情感等）相互作用，形成的对"被领导者"（活动中的其他成员）的一种综合性影响力。[1]具体到物型课程中，主要是三个方面。一是物型理念的创新与引领，包括：关照个性、全面发展的儿童立场，全域学习、综合育人的课程立场，情境交互、意义重构的教学立场。二是物型课程的开发与实施，包括：学校资源、社会资源的开发与整合，以物育人、以文化人目标的规划与设计，多学科、跨学科教学内容的重构与实施。三是物型教学的组织与管理，包括：情境创设、合作探究的教学范式转型，民主、平等、和谐的班级氛围营造，发展性、多元性的学生评价体系建设。[2]总之，教师作为学习者的一部分，与物型课程实施的整体水平和效果密切相关，提升教师领导力是学校物型课程建设过程中的重要一环，决定着物型课程是否能真正落地。

第四节　物型课程的渊源及支持

物型课程虽然是新出现的概念（理念），但并非空穴来风、无中生有。从国内来说，物型课程植根于深厚的传统文化，传承格物致知、天人合一等儒家经典认知理念。从国际来说，物型课程顺应国际课程发展趋势，符合建构认知主义的学习环境

---

[1] 李款.教师领导力内涵研究［J］.现代教育论丛，2009（7）：65-70.
[2] 陈岑.物型课程视域下的教师领导力提升［J］.江西教育，2020（3）：37-40.

观。从学校建筑理论与实践发展来看，物型课程在一定意义上代表了新时代学校建筑的价值追求。物型课程立基于传统东方文化与现代西方理念的融合，引领学校建筑发展趋势，其立意深刻、内涵丰富、前景远大。

一、格物致知

格物致知是中国传统文化中一个重要的认知理论，与中国古代科学技术的发展有着密切的联系。格物致知最早见于《礼记·大学》："大学之道，在明明德，在亲民，在止于至善。……致知在格物。物格而后知至，知至而后意诚，意诚而后心正，心正而后身修，身修而后家齐，家齐而后国治，国治而后天下平。"[1] 早期的格物致知，重点是以道德化诠释为主，强调儒家关于修身治国平天下的理念。到宋代时，心学基本沿袭了早期道德化的诠释方向，但理学则强调其中的理性精神，对宋代科学的兴盛影响重大。在明清之际，实证化的取向更加显著，使格物致知论发生了重大的理论转型，为近代中国与西方科学技术的对接铺平了道路。而到近代之后，格物致知与西方科学技术的联系越来越紧密。

历史上，很多学派论述过格物致知，它们各有侧重，影响力较大的有郑玄与孔颖达的"格物致知"说、朱熹的"格物致知"补传、王阳明的"致良知"、王艮的"淮南格物"说、章太炎的《格物致知正义》。

郑玄与孔颖达用物我感应来解释格物致知。郑玄注"致知在格物"曰："格，来也；物，犹事也。其知于善深则来善物，其知于恶深则来恶物，言事缘人所好来也。"孔颖达申述郑注曰："'致知在格物'者，言若能学习，招致所知。格，来也。己有所知，则能在于来物。若知善深则来善物，知恶深则来恶物。言善事随人行善而来应之，恶事随人行恶亦来应之。言善恶之来，缘人所好也。'物格而后知至'者，物既来，则知其善恶所至。善事来则知其至于善，若恶事来则知其至于恶。既

---

[1] 朱熹.四书章句集注[M].北京：中华书局，1983：3-4.

能知至，则行善不行恶也。"[1] 可以看出，他们将物我感应作为世界运动变化的根本机制，并把好恶作为物我感应的主题。

朱熹认为，《大学》因为脱简而缺少了对"格物致知"的解释，所以自己"补传"以解之，写道："所谓致知在格物者，言欲致吾之知，在即物而穷其理也。盖人心之灵莫不有知，而天下之物莫不有理，惟于理有未穷，故其知有不尽也。是以《大学》始教，必使学者即凡天下之物，莫不因其已知之理而益穷之，以求至乎其极。至于用力之久，而一旦豁然贯通焉，则众物之表里精粗无不到，而吾心之全体大用无不明矣。此谓物格，此谓知之至也。"[2] 与郑玄与孔颖的"感应善恶"不同，朱子的格物致知是用以"感应知识"，这是儒学的重要学问功夫。它的意义在于，确立了儒家认识论的基本原则——人类认识主体，必须先亲近对象，认识理解对象之后，才能获得关于对象的正确认识。

王阳明则把格物致知严格限定在心性修养领域。他说："先儒解格物为格天下之物，天下之物如何格得？且谓一草一木亦皆有理，今如何去格？纵格得草木来，如何反来诚得自家意？"[3] 众所周知，晚年的王阳明是以"致良知"概括其为学宗旨，并以之实现本体（本性、本心）与工夫、知与行之统一的。他没有像《大学》那样，把自然的好恶之情当作道德生活的基本出发点，而是选择作为经验之心（他称之为"心之所发"或"意之所发"），好恶是有善有恶的，它有待于"良知"去分辨并管控。而他的所谓"良知"，实际上是把孟子的"四端"之情本体化、抽象化的产物。经此本体化和抽象化，良知与好恶便与理与情割裂了。于是，"如好好色，如恶恶臭"便不是从随自然之情而无伪，而被理解为"好善如好好色，恶恶如恶恶臭"。同时，"格物"不是物感我应的情感发生过程，而变成了"正物"，即用"良知"去正"物"之不正而使"物"归于正的道德实践过程，本质上颠倒了"致知在格物"的先后之序。

---

1 汤一介.儒藏（精华编）：第51册[M].北京：北京大学出版社，2016：15-40.
2 朱子全书：第6册[M].上海：上海古籍出版社，合肥：安徽教育出版社，2012：17-20.
3 王阳明全集：第1册[M].杭州：浙江古籍出版社，2010：130.

王艮的格物致知说，被称为"淮南格物"，他力图从《大学》文本中寻求"格物致知"之义。他说："'物有本末'，故物物而后知本也。知本，知之至也。知至，知止也。'自天子以至于庶人'至'此谓知之至也'一节，乃是释格物致知之义。身与天下、国、家一物也，惟一物而有本末之谓。'格'，絜度也。絜度于本末之间，而知'本乱而末治者，否矣'，此'格物'也。'物格'，'知本'也；'知本'，'知之至'也。故曰'自天子以至于庶人，壹是皆以修身为本'也。"[1] 以"淮南格物"为代表的格物致知说，其可取之处是注重从《大学》文本自身寻求证据，并扣紧了"修身为本"这一主题。然而，问题在于王艮在没有明确地区分思想活动与实践活动的情况下，就把"絜矩"与格物致知相等同，将"絜矩"之道直接归结为反身自尽的实践活动，并在此意义上将"格物"与"絜矩"相联系，这实际上是把"格物"直接等同于实践活动，取消了"格物致知"的思想活动内涵。他这样做，不仅与其前面的"格物致知"说相矛盾，也与《大学》把"格物致知"作为思想活动而构成"八目"之环节的逻辑相背离。

　　在众多诠释中，释义最近理者当属章太炎的《致知格物正义》。章太炎准确把握了格物致知的思想实质，认为"致知在格物""物格而后知至"乃一物感我而我应之的相互感应过程，所谓"外有所触，内有所受"。这一过程所生成的，是修身主体的直接心理感受，即好恶之情；此感受乃心法（心理活动）之自然，合乎其本性则好之，违逆其本性则恶之，所谓"受有顺违，名曰好恶"。这一好恶之情虽然还不是道德上的善，还不足以确立道德法则，但它却是道德生活的基本出发点，离开了好恶之情，"其心如顽空，恶固不起，亦无以止于至善"，道德生活便失去了源头活水、生机活力。其上述见解常为当今的研究者所忽视。[2]

　　细察中国先哲们对格物致知的解释，我们不难发现，对德性的重视是其共同特点。关于"道问学"与"尊德性"的关系问题也是中国古代一个重要的话题，古代学

---

[1] 续修四库全书：第938册[M]．上海：上海古籍出版社，2002：337．
[2] 朱翔飞．《大学》"格物"解平议[J]．孔子研究，2003（1）：20．

者基本倾向于尊德性为主、道问学为辅，人人可通过道问学而至尊德性，尊德性处于神圣、崇高且不可动摇的位置。而科技之学至多算是道问学之中的一小部分，古代学者自然不会把它放置到最高的地位上去。自北宋兴起的"见闻之知"与"德性之知"的分辨也属此类问题，宋儒多注重德性之知的获得而轻见闻之知，"见闻之知，乃物交而知，非德性所知；德性所知，不萌于见闻"。而在近代，西方认为最具真理性的知识是科学的知识，因为科学的知识是依靠实验得来的，实验的最大特点就是客观性。即使在科技高度发达的宋代，格致论也没有发展出近代西方科学意义上的实验方法。从这个意义上，也就不难解释所谓的"李约瑟难题"（为什么近代科学没有产生于中国）。

在物型课程建设中，如何对待格物致知这一传统文化渊源呢？我们认为，要结合新时代要求，辩证地看待，采取一种扬弃的态度。一方面，保留中国传统思想中的道德意义，从万物中寻找"真善美"，将其作为修身治国平天下的根基；另一方面，要学习西方的"求是求真"精神，秉持马克思主义的唯物观，培养一种崇尚现代科学的态度。总之，两者的融合，就是尊重万物，反映客观规律，发挥主观的好奇心和想象力，为万物注入"真善美"的内核，从而真正成为教育活动的资源。

二、建构主义学习环境理论

20世纪90年代以来，伴随现代信息技术的深入发展，学习环境成为建构主义教学理论的重要分支，受到欧美发达国家的普遍关注，是当今世界范围内非常活跃的研究领域。威尔森认为，建构主义学习环境是学习者在追求学习目标和问题解决的活动中可以使用多样的工具和信息资源，并相互合作和支持的场所。[1] 与传统的教学环境不同，学习环境更强调学生的积极性和选择性，学生在其中可以自由探索、

---

[1] Wilson B G. Metaphors for Instruction：Why We Talk about Learning Environments [J]. Educational Technology, 1995 (1): 46.

确定目标，它是一个"学习被刺激和支持的地点"。

关于建构主义学习环境的要素，学界有不同的看法。普金斯提出的学习环境五要素是学习环境资源组合观中最主要的观点，他认为，所有的学习环境，包括传统的教师，都有五个要素。一是信息银行（information banks），负责向学生提供要学习的领域知识和教学材料，包括教科书、教师、百科全书、录像带、光盘等。二是符号簿（symbol pads），支持学生的短期记忆，建构和处理符号与语言的表面，包括学生的笔记本、索引卡、文字处理器等。三是表现场所（phenomenaria），是表现、观察和控制事件的地方，例如场馆、模拟真实世界的城市、物理微观世界等。四是建构工具包（construction kits），与表现场所类似，但是较少受自然现象限制，可能在真实世界没有明确的对应物，包括数字控制软件、学习记录簿等。五是任务管理者（task managers），是指提供指导、反馈和改变方向的人，既有教师，也有学生，有很多的工具和文件可以为教师和学生管理任务提供支持，包括协商的任务分配、建议会、策略计划工具、教科书、评分方案、评价工具、传递制度和期望的工具、计算机教学计划等。学生和教师应该协商任务管理的细节，并逐渐使学生具有更多的任务管理的独立性。教师将成为辅导者、建议者以支持学生的活动。[1]

德里斯克认为，建构主义学习环境应有五个方面。一是提供进入真实活动的复杂的学习环境。真实性取决于学习者在学习环境中的活动与学习被应用的环境的联系程度。二是提供社会协商作为学习的不可割裂的组成部分，通过小组协商过程获得新的理解。建构主义学习环境应该支持合作，而不是竞争，学生间的社会交往有助于他们形成假设并进行检测，有助于他们用多重的观点来看待知识和信息。例如，在合作小组中，学生有机会组成探究团体，他们在其中讨论与解释，形成共享的、更高级的理解。三是并置教学内容，包括随机访取的多重表征模式，使得学习者得以从多角度探究学习。创设多重信息来源和多重观点，有助于学生探索和整合知识以形成自己对意义的建构，因此信息应该丰富，允许学生使用不同的表征以适

---

[1] 毛新勇. 建构主义学习环境的设计［J］. 外国教育资料，1999（1）：59.

应自己的需要。四是培养反思能力与批判意识。反思是自己思维与学习构建过程中的一面镜子，是动态的、持续的，不断呈现学习过程与学习者的进步。通过反思，学生可以更好地根据自己的需要和变化的情况，修改和提炼自己的策略。五是强调学生积极地参与，实现自己的学习需要。学生是积极的建构者，本身带有目标和好奇心。教师要从信息的提供者变为指导者，提供学习支架，教师的任务包括创设丰富信息的环境，使学生能思考、探索和建构。[1]

对于物型课程，具身认知的学习环境理论更适切。具身认知的学习环境是建构主义学习环境的一个分支，是普遍性与特殊性的关系。普遍来说，建构主义学习环境有三个特点：一是以学习者为中心建立学习目标，激发学习者的主动性，提供丰富的学习资源。二是强调情境性，创设真实的情境，贴近实际生活场景，有利于知识迁移。三是主张协作性，倡导合作学习。学习者形成了探究共同体，通过互动激发各自的意义建构。[2]而具身认知的学习环境的特殊性在于，学习者与学习环境是双向建构、互利共生的。一方面，学习者在学习环境中发展，另一方面，学习者也在不断塑造学习环境。从这个意义上说，具身认知的学习环境更像是有生命、可进化的"有机体"。学习者与物理环境、教学策略、教师甚至是其他学习者之间也是双向建构关系。首先，物理环境为学习者知识技能的顺利习得创设了基本的学习空间，而学习者在学习过程中也在持续改善自身所处的物理学习环境，如教室基础设施的布局、新型学习工具的创造等。其次，在教学策略激发和维持学习者学习动机、指导和促进学习者高效学习与自我反思的同时，学习者也在为帮助探寻更好的课堂教学策略而献计献策，或为新型教学策略的设计提供实时且有价值的反馈信息。再次，教师与学习者之间的互动交流也是相互启发、彼此影响和共同发展的。学习者在教师的引导和帮助下理解并掌握教学内容，教师也在学习者的表现和回应中不断反思并提高自身专业素养，从而实现"教学相长"。最后，具身认知还提倡

---

1 Driscoll M P. Psychology of Learning for Instruction [M].Boston, MA: Addison-Wesley, 1994.
2 钟启泉.学习环境设计：框架与课题 [J].教育研究, 2015（1）: 116.

学习者在合作学习中实现相互监督、相互学习和相互促进，让每个学习者在完善自身的同时，也参与他人的学业发展。[1]

国内学者柴阳丽、陈向东划分了具身认知学习环境的程度，1度具身程度最低，4度最高，程度越高越有助于学习者具身经验的获得。[2]我们认为，物型课程十分强调学习者的高度沉浸和实践感知，达到4度的等级。尤其是有现代信息技术支持的场馆设施，能够持续地、伴随式地移动，并引起全身高度的感知运动参与，设计的姿态与学习内容相称。具身环境能够提供学习互动参与的情境，支持学习活动的开展，具有高度的感知，可全身参与的交互运动，身体可运动。

在物型课程中，教室内的学习环境重构是与教学直接相关的环节。熊和平以教室空间为例，探讨了空间所呈现的教学关系。教室是以一定的教学物件为基础，师生双方进行课堂教学的基本空间。同时教室具有空间性，即由教室中的物件及其关系所规制的人际空间关系。传统教室空间是一种知识关系，其中讲台是中心的确立，黑板是前方的确定，课桌椅是管理的对象，组别是学生的行政编排，形制化是空间的符号化。实际上，教室空间并非是纯净的、价值无涉的，它暗含着权力的结构，并具有教育意义。在倡导课堂教学改革的今天，课堂的变革必将涉及教室空间的重构，其实质是通过改变师生、生生之间的空间关系来改革他们之间的授知与求知的方式。而教室的空间改革，表面上是课堂物件摆置方式的重组，背后却蕴藏着权力观、知识观、主体论、生命观等多维度的转换与革新。教室的空间改革与教学组织形式的创新，比如小组合作教学中的椭圆形课桌、梯形课桌、六边形课桌等，还有校本课程、菜单式课程等，它们的出现对于改革应试教育及其教室空间模式具有创新价值。学生的空间身份发生了戏剧性的逆转，秧田制教学模式下座位的"实名制"、发言的"点名制"或"举手制"，变成了小组合作教学模式下座位"流动制"与发表观点的"举荐制"或"协商制"，师生关系也随着教室物件的重置发生了转变。

---

[1] 王美倩，郑旭东.具身认知与学习环境：教育技术学视野的理论考察［J］.开放教育研究，2015（1）：53—61.
[2] 柴阳丽，陈向东.面向具身认知的学习环境研究综述［J］.电化教育研究，2017（9）：71—77.

除此之外，物型课程在学习环境建设上凸显浓厚的中国传统文化特色。第一是"敬物"。万物皆有理，物型课程倡导对物有敬畏之心，以谦逊的姿态向万物学习。第二是"创物"。"创物"强调人的主观能动性，通过情景创设来赋予"物"内涵。例如，教室、廊道、外墙、道路的设计，更加贴近真实生活，体现教化功能。第三是"话物"。"话物"强调对话和交往。物型课程通过任务群、项目化、主题性等方式，让孩子们在合作中共同创造意义。第四是"格物"。朱熹曾说："格，至也。物，犹事也。穷至事物之理，欲其极处无不到也。""格物"主张"物我合一"。物型校园里的一本书、一扇窗、一棵树都被赋予了内涵，通过物与人的在场互动，引发感知与体验，进而促进意义建构。

三、学校建筑学

物型课程是一个跨学科概念，涉及学校建筑、文化及课程等领域。我们试从学校建筑演变及其研究的历程来解析物型课程，力图从学校建筑理论角度支持物型课程理论建构。这是一个不可缺少的且非常有意义的视角。

（一）关于学校建筑的理论研究

尽管目前尚未有学校建筑学或教育建筑学这门学科，但国内外对学校建筑的理论研究已有170多年的历史。1841年美国人巴纳德（康涅狄格州学校管理首任部长）发表改善校舍报告，1848年出版《学校建筑》经典著作。之所以称其为经典，是因为该书首先提出学校建筑与教育教学的关系，巴纳德在书中认为：学校建筑好坏无不与学生的健康、行为、心情、道德和智力发展密切相关，与教师的健康和教学的成功密切相关。应号召家长和教育官员关注良好的学校建筑与优质学校之间的紧密联系。1874年英国人罗伯森出版《学校建筑》。民国初年我国福建省教育厅出版《小学校舍建筑法》，主要是技术层面的列举。

关于我国学校建筑的理论研究，一是研究成果薄弱。"学校建筑"似乎是一个被教育界遗忘了的领域。在新中国成立以来的历程中，笔者通过文献资料的回顾，只能觅得教育界的寥寥数人。在"中国知网"中以"学校建筑"进行篇名的"精确"搜索，共有各类相关文献资料270余篇，分布在60多年的时间跨度上。在所有这些文献资料中，刊发于教育类期刊仅30篇，其中，还有个别作者为建筑界学者。二是一度形成研究热潮。第一次学术繁荣是在20世纪30年代，至少有10多本著作；第二次学术繁荣是在20世纪50年代，还翻译了多部苏联著作。三是教育专家缺席。改革开放以来，出版了多部学校建筑研究图书，但作者、审定者均为建筑专业人士，少有从教育学、心理学等角度的研究。"目前以教育学视角为主要出发点，并整合其他学科视角的学校建筑研究，在国内还是一个被忽视的理论空缺点。"[1]"我国目前大部分中小学校的布局形式，相当于教育发达国家20世纪四五十年代的发展水平。"[2]

正因为存在这些状况，近年来越来越多的教育专家认识到学校建筑研究的价值。绍兴江所著《教育·建筑·文化丛书》总序指出，长期以来，人们致力于通过教师、学生、课程、教学、制度等相关领域的教育改革来提升学校教育质量，而"学校建筑"因素对教育质量的影响并未引起充分关注。懂教育的学校建筑设计正成为引领未来学校建筑的新趋势。中国教育学会原副会长陶西平在2006年提出，中国应当建立一门学校建筑学，从教育学的高度研究、改进现有的学校、设计，建造出一批承载现代教育理念、具备现代教育功能的一流学校建筑。

（二）关于我国学校建筑的发展进程

我国的学校建筑始于古代书院建筑。中国传统书院建筑秉承着我国传统教育理念中的优秀品质，并以此呈现出或有机自然、或自由豁达、或含蓄平静、或神秘隐

---

[1] 邵兴江.学校建筑：教育意蕴与文化价值［M］.北京：教育科学出版社，2012：5.
[2] 周崐，李曙婷.适应教育发展的中小学校建筑设计研究［M］.北京：科学出版社，2018：前言1.

匿的空间语境。

近代中国本土文化积弱，加之西方文化强势入侵，传统文化和教育观念与外来思潮发生激烈冲突。特殊的历史文化背景，使中国近代大学从规划结构到建筑艺术，都表现出中西文化交融并置的特点，无论从选址、校园形态，还是建筑造型、色彩与材料来看，都不同于其他任何历史时期，多样的规划理念与建筑艺术风格在校园中并置、折中，于对撞中彼此相互融合。

新中国成立以来，学校建筑大致经历了三个阶段：第一阶段，新中国成立后至1980年代，是满足基本课堂教学需要的阶段，呈现为单一的廊式建筑，以教学楼为主，相当一部分地区能有教室就已足够。第二阶段，1985年颁布《中共中央关于教育体制改革的决定》，提出实行九年义务教育制度；1986年颁布《义务教育法》，同年颁布了《中小学校建筑设计规范（86版）》，校舍建设有了明确的设计依据。这一时期，学校建筑朝着标准化方向进行，三大功能分区（教学、生活、运动）形成。第三阶段，2001年国家颁布《新一轮基础教育课程改革》，各地开始实施新的要求；2011年颁布《中小学校设计规范（2011版）》。这一时期，校内空间功能更加复杂化，教学辅助用房有了明确的规模规定，提出部分公共设施应向社会开放的要求。

对于我国学校建筑发展的历程，有媒体将其分为1.0版和2.0版。认为自19世纪末20世纪初开始废科举、兴学堂到本世纪初的100多年，中国的学校建筑用材越来越讲究，外立面越做越漂亮，然而关键性功能布局基本没变。也就是说，100多年里，中国所有的学校建筑都是一个版本："1.0"。直至本世纪初，开始出现更多体现儿童立场的新式学校建筑。据《浙江日报》2010年7月28日报道，2002年10月22日，中国教育学会会长、著名教育专家顾明远教授来到新落成的杭州市崇文实验学校，在踏遍校园的每一个角落后，他欣然提笔："这是一所给孩子更多活动的空间、尊重每一个孩子的创新性学校。"2006年1月12日，杭州市胜利小学（赞成校区）正式落成，"这是一所把教育理念凝固、流淌在建筑上的学校。真正的2.0

版学校诞生了"。

这样的学校建筑,还包括这样的案例:合肥市屯溪路小学在进行新校区设计时,就在每 2~3 间教室之间设计了面积不等的公共区域,提供座椅、图书、视听设备等,让学生在休息时间可以到这里,与熟悉的或陌生的同学交流,真实体验人际的交往。北京海淀区中关村三小万柳新校区还在相邻班级中设置类似"客厅"的空间,让学生体验如何在社群中与他人沟通、交流、共同学习。

(三)学校建筑的教育意蕴

"意蕴:总是比直接呈现的形象更为深远的一种东西。"黑格尔的这句话用在物型课程理解上还是比较恰当的。华东师范大学教授、中国教育学会比较教育分会秘书长赵中建认为,我们的许多学校建筑,从空间促进教育目的的达成而言,与国际相比尚有不少差距。或者说,新造的学校在"赋予建筑教育的深度,彰显学校文化的内涵"方面仍有待大力提升。[1]

在教育界对素质教育积极探索的同时,对于适应素质教育的学校空间环境的研究却相对滞后。此外,随着城市化的进程,一批新式中小学校在城市中如雨后春笋般地建成。但是这些所谓"适应素质教育的新型学校"的教学空间格局依旧沿用旧有的组织形式,未根据素质教育的实际要求、具体授课形式和授课特点进行设计建造。反观国外,新的学校建筑形式不断涌现,在建筑形式、建筑空间方面都有较大突破,国内外教育建筑设计差距不断拉大。[2]

学校建筑首先折射的是时代的教育主题。美国在工业革命时期,授课多是"兰卡斯特"大班的形式。在 20 世纪"进步时期",约翰·杜威提出以"学生为中心",班级人数减少。20 世纪 90 年代,社会普遍重视小组讨论和集体授课相结合的形式,教室的设计更是多样化。在我国,近年来新建的校园,适应全面推进素质教育,培

---

1 邵兴江.学校建筑:教育意蕴与文化价值[M].北京:教育科学出版社,2012:1.
2 朱献.与我国素质教育相适应的城市小学校教学空间研究[D].杭州:浙江大学,2012.

养学生创新精神和实践能力的大势，满足师生多样校园生活的设计得到充分彰显，功能楼群及教室明显增多。

学校建筑和教室布局受人们对教育哲学理解的影响。可以说，一定的学校建筑风格的背后是教育哲学的差异。学校建筑的规划与设计，是用建筑材料和风格表达教育者的教育理想。学校建筑的功能及分布，体现着教育境界和格局。学校建筑的细节，体现着教育者的情怀和教育伦理。与其说我们在建设一所什么样的学校，不如说我们想表达我们需要什么样的教育，我们如何看待学生的成长。

物型课程为教育学与建筑学联手提供了恰当的舞台，为学校建筑的教育意蕴研究与表达提供了载体。

从教育学立场观照学校建筑（设施和环境），物型课程是集教育、历史、文化和建筑为一体的综合命名、超级概念和完备体系。

物型课程是跨界、跨科、跨时的新教育理念、新教学模式、新学校治理方式、新文化建设途径。

第二章　物型课程的价值与功能

如今，人类社会正进入互联网、大数据和人工智能驱动的技术革命时代，信息技术的发展催生着人类生活生产方式的变革，同时也给教育传统生态和学校育人方式带来新的挑战，教育的内涵和方式将被重新定义，学习的空间和边界将被重新建构，学校的意义和作用将被重新梳理，而这一切也让我们不得不去思考，在这个时代要如何定位教育和人的发展、教育和社会发展的关系。面对未来社会的种种变化与挑战，我们亟待出现一种新的教育形态，它一方面能够弥补现今学校教育的不足，另一方面又能够与未来教育进行有效衔接。物型课程是以"人"和"物"的互动关系为基点，以全方位育人为目标，从课程的视角创新学校建筑、景观、场馆、教室等"物"的建设，实现教育教学方式的"全域性"和"在场化"，因而，从某种程度上来说，物型课程正是当下学校教育对未来教育形态的一种新探索。

第一节 物型课程的价值

从整个教育系统来看,课程是链接国家教育意志与教学领域的中介环节[1],也是实现每位学生独特价值的载体[2],因而,无论是对国家发展,还是对个体成长,课程都发挥着无可替代的作用,对课程的不断研究与开发也成为教育发展的必然需求。物型课程是新时代背景下具有中国特色的立德树人实践范式的新探索,对于学校育人模式、课程理论形态、教育教学方式和师生关系等的创新、转型都具有重要的意义和价值。

一、创新学校育人模式

早在一百多年前杜威就说过:"如果我们仍然以昨天的方式教育今天的孩子,无疑就是掠夺了他们的明天。"科技在发展,社会在进步,教育不能停滞不前,而要与时俱进,甚至是先行。教育先行一方面要求教育要面向未来,在适应现存生产力和政治经济发展水平的基础上,适当超前于社会生产力和政治经济的发展;另一方面在人才培养上,教育的目标、内容、方式等都要能够适应未来社会发展的需要。因而,教育理念的革新、育人模式的创新都势在必行。基于教育的本质属性和学生个体的成长规律,物型课程以综合育人为立足点,通过以物育人和文化育人的方式落实立德树人的根本任务。

---

1 杨晓奇.教育变革中的课程功能:定位失范与恰当调适[J].教育发展研究,2012(6):40-43.
2 潘涌.我国课程改革的价值路径及其发展前景[J].课程·教材·教法,2016(11):12-19.

1. 立足综合育人

学科教学是实现育人目标的主要方式。在具体实践中，教师从知识与技能、过程与方法、情感、态度、价值观等几个维度去设计教学目标，这种育人方式更偏重知识层面，学生在认知、情感、道德等方面的发展是有限的。为了促进学生的全面发展，在学科教学之外，学校要开设综合实践类课程，多途径实现育人目标。因而，教学育人、课程育人、学科育人成为学校落实立德树人根本任务的学科切入口和实现方式[1]。物型课程在这三种方式的基础上，以"时时育人、处处育人"为目标，致力于构建全方面、多层次、综合化的育人体系，充分发挥"物"的文化塑型作用，把社会主义核心价值观融入校园文化之中，使校园的各种物型时刻都承载着社会主义意识形态，用"场所精神"孕育"人的精神"，形成"处处是教育之处，时时是教育之时，人人是教育之人"的教育态势。

如淮安市周恩来红军小学，在"成为美好事物的圆心"这一教育理念的指导下，学校立足校情实际，本着"托起明天的太阳"这一办学初衷，着力弘扬红军精神、传承恩来风范，以红养正，立德树人。为此，学校从综合育人的视角出发，整合地方资源，回归儿童本身，

淮安市周恩来红军小学红军娃剧场

精心构建了以"八园四楼一场馆"为主体的现代人文校园，"十塑三廊一中心""三院两墙一红塔"点缀其间，一步一景，处处匠心，让建筑与园林浑然一体，让学习与审美自然共生，让科学与人文兼容并包，让历史与未来巧妙融合。同时，周恩来红军小学遵从儿童发展规律，以核心素养的培养为指向，从理想与信念、意志与品质、实践与行动三个维度，着力于品德锻造和能力提升两个方面，系统构建了三色文化课程体系，培养学生成为坚毅进取、乐学善思、德美体健、勇于担当的新时代"红军娃"。

---

1 成尚荣.学科育人：教学改革的指南针和准绳[J].课程·教材·教法，2019（10）：82-89.

再如阜宁师范学校附属小学，学校以"厚德至善，乐学博爱"为文化理念，走尚善教育之路，着力打造"至善校园"。在校园设计方面，建立了"至善广场""百善墙""咏善亭""崇善楼""乐善楼""扬善楼"等以宣扬"善文化"为主的基础设施建筑；在校园空间建构方面，创设了"善娃读吧""善娃展示空间""善娃榜"等以展示学生善行为主的空间环境；在校园文化建设方面，以吉祥物"善娃"（男善娃"聪聪"、女善娃"佳佳"）来表达学校对学生培养的希望。总而言之，阜宁师范学校附属小学通过不断增加校园建设中的"善"元素和审美趣味来构筑"积善成德"的立体校园和知识空间，通过教育环境的改变，凸显立德树人的教育意蕴，撬动传统育人模式的转型，推动学校教育朝向综合育人的方向发展。

2. 倡导以物育人

教育者、受教育者和教育媒介是教育的三要素，而作为教育媒介的"物"在教育教学过程中承担着重要的桥梁和纽带作用，它是一切实际之物和虚拟之物的总和，凝聚着国家、社会、学校和教育者的精神意志。一直以来，"物"作为教育媒介的存在更多体现其工具价值，实际上，"物"由于本身形态、特质、属性的多样性可以进行更丰富多彩的设计，同时也可被赋予更深层次的文化意蕴。物型课程就是以"物"为载体，强调"物"的文化塑型及课程意象的表达与设计。从学校的建筑设施到景观小品，从场馆教室到楼道长廊，物型课程致力于将学校中的一草一木都变成能够涵养学生人格发展和培育学生文化精神的重要介质。

如扬州大学教科院附属竹西小学，从学校的名称便可知晓"竹"的重要性，学校整体风貌立足"竹文化"之精粹，辐射自然生态的竹之景观，力求做到以竹育人、以竹激志。首先，在学校操场的南侧建设了"七贤林"——七丛竹、七贤德。七贤林下有石凳，石凳上有棋盘，孩子们可以在运动之余在竹下休息，品读竹之贤德，共享下棋之乐。学校运动区与教学区用两个小园林构建了绿篱分隔带，一是"三友园"，主要种植了松、竹、梅这三种植物，另一个是"君子园"，主要种植了梅、兰、竹、菊这四种植物，既丰富了学生的文化积累，使其体会古人对竹的品赏与感思，又丰富了孩子对植物的认知。此外，学校还建设了"慈孝林"和"感恩林"。慈孝林全部种植了慈孝竹，成竹呵护新竹，新竹支撑成竹，孩子感叹慈与孝的真谛；感恩林的竹子全部是由学校的毕业生亲手种植的小钢竹，感恩母校的培育之恩。竹西小学以"竹"作为校园建设的核心要素，以"竹"坚韧不拔、高风亮节的精神品格激励了一代又一代的竹西学子。

"正谊书院少年国学堂"是扬州市汶河小学依托扬州著名历史文化遗迹——汉大儒董子祠建设的一所弘扬中华国学的场所。走进校园，首先映入眼帘的是"温、良、恭、俭、让"五个大字，它是正谊书院师生的精神追求和行为追求，似一泓清泉，流淌在每一位师生的心田。

扬州市汶河小学正谊书院汉大儒董子祠

美德长廊呈现了图文并茂的励志故事，引导学生明礼诚信、厚仁笃行；文化长廊展现了精美典雅的以国学为主题的师生书画作品，彰显着浓郁的人文气息；楼道间、过道旁再现了催人奋进的名言警句，即使是花坛内盛开的花朵也充满诗情画意……依托正谊书院，汶河小学将国学经典与校园大环境、班级小环境、课程软环境紧密融合，真正实现以物育人、立德树人，使"无声的环境"成为"有声的老师"，让经典以其独有的方式走进学生的心灵。

3. 侧重文化育人

教育作为培养人的活动，其根本目的就是促进人的生成，使个体成为人，即成为社会的人、文化的人，以及具有契合时代核心价值观的独立精神的人[1]。从某种程度上而言，教育的本质就是一种文化传递的活动，文化本身也同样具有重要的育人功能，而课程作为文化的重要载体，也承担着价值澄清、价值引领的重任。对于物型课程来说，给"物"以文化塑型，使单一的、静态的、固化的物在教育者的手中

1　郭元祥，刘艳. 论课堂教学中的文化育人［J］. 课程·教材·教法，2020（4）：31-37.

成为丰富的、动态的、发展的教育媒介，同时赋予一定的文化意义、民族精神和教育内涵，因而，充分发挥"物"的文化育人功能也是物型课程的重要价值之一。

如在海安市城东镇西场小学，一根简单的竹棒，一袭翠绿的衣裳，阵阵清脆的铃铛……从古镇西场走出来的"打连厢"，打出的是健康，舞出的是希望。打连厢是流传在西场乡间的一种民间舞蹈，早在2005年学校百年校庆的时候，打连厢就被搬上了舞台，在老师的精心辅导下，"舞美连厢"受到校友的好评，此后打连厢成了西场小学各类展演的保留节目。连厢是承载着西场古镇文化的一个器物，为了让它的教育价值得到充分的开发和利用，学校及时将动作和辅导过程进行采录，并确定了一名具有舞蹈基础的老师重点跟学，有天赋的应会尽会，无基础的跟学跟排，所有教师全员参与。在此过程中，布置学生准备竹棒，并从网上购买了彩带、铃铛，对竹棒进行装饰，学生辅导也穿插进行。

在大部分学生基本掌握分解动作后，学校便开始逐步按照组合编舞的动作进行整合。全校人员的动作基本成型后，学校对大课间音乐进行了整编，同时教唱改编的连厢歌曲。在此基础上，学校开发了"健康连厢"校本课程。该课程包括四个部分："连厢简介"，主要介绍连厢的由来和在全国各地的传承和现状；"连厢与体艺"，介绍连厢与体育、艺术的融合；"健康连厢"，介绍学校整编的连厢的基本动作、参考歌曲、编舞等，并配有动作图解；"传承与发展"，介绍学校"健康连厢"的活动过程、活动剪影、活动反思等。西场小学借助一根连厢，引导学生站在本土文化之上，完成了对地域文化遗产"打连厢"的认识、保护和传承，实现了真正意义上的文化育人。

二、丰富课程理论形态

从国家课程、地方课程到校本课程、活动课程，随着教育的不断向前推进，我国中小学的课程形态在不断丰富和发展，物型课程作为教育发展过程中的一种新型课程实践形态，和一些传统课程，如校本课程、环境课程、活动课程等既有联系也有区别。确切来说，物型课程是对校本课程的突破和创新，是对环境课程的聚焦和提升，也是对活动课程的设计与再造，它以学习者的能力素养提升与意义建构为目标，以知识和见识的物化造型为载体，以人与物的在场互动、实践生成为主要教学形式，是传承优秀传统文化、回归认知原点、落实立德树人要求、建设美好学习目标的时代创新和教育表达[1]。

1. 对校本课程的突破和创新

校本课程作为学校教育中的重要课程形态，是汇聚学习知识、经验、活动、情感、目标的综合体，同时，由于不同学校之间个性和内在品质的差异，所以也存在不同的表现方式[2]。然而，有专家指出，从课程本身的建设来看，目前中小学校本课程在建设的过程中多关注课程的物质形态，而忽略课程的价值建构。而当校本课程成为一种"外在的课程"时，就呈现出一种物质化追求，具体表现在对课程物质载体的重视，比如教材数量、课程门类等。但这些教材和课程门类多呈零散状态，没有统一于一种共同的价值观和理想[3]。由此可见，对校本课程进行价值建构和文化统整是学校在课程实践中需要重点解决的问题。物型课程一方面基于学校自身特色对"物"进行课程化开发，另一方面强调用传统文化和时代精神来统整课程实施。从这一角度来看，物型课程可以说是对校本课程的突破和创新。

以宿迁市钟吾初级中学为例，学校依据"五育并举"的社会主义教育方针、学校"成贤"教育哲学、学生全面成长和黉学文化特色发展要求，将"成贤校本课程"体系划分为"人文素养、科技探索、生活实践、文明素养、健康运动、阳光心理、艺术特长、雅趣技艺、校园躬耕、生活技能"等十大课程模块，让学生在孔庙黉学各个场馆里吟诵、书画、表演、阅读，感同身受地了解古圣先贤人物。此外，根据过去孔庙都有用于自养的"自留地"和师生亲自耕种的传统，学校将校园西北

---

[1] 马斌. 物型课程：化万物以育人［J］. 人民教育，2019（9）：54-59.
[2] 刘耀明. 校本课程建设：内涵回归与价值实现［J］. 教育发展研究，2010（6）：66-69.
[3] 刘耀明. 校本课程建设：内涵回归与价值实现［J］. 教育发展研究，2010（6）：66-69.

角的空地进行开发,建设成为学校的躬耕实践课程基地,大力发展躬耕实践课程。"躬"寓意亲自实践;"耕"原指用犁把土翻松,寓意农业劳动和生物实验。躬耕实践课程旨在促进学生德智体美劳的全面发展:学生通过耕作实践,体会劳动光荣,掌握农业技能;通过观察、实验,感受自然规律,提升科学素养,体验传统文化,增强民族自信。

人文文化是泗阳县实验小学的物型追求,学校以培养学生的"阅读并思考"能力为目标,全面实施"全科阅读"行动。学校相继开发涵盖各学科的校本阅读课程,如:语文学科开发了《国学启蒙》《中国古代神话传说》《古诗词鉴赏》;英语学科倡导英语歌曲进课堂,开发了《英语百句课程》;数学学科开发了《旋转的数学世界》;其他还有《童心童画》《乐言乐语》《手之舞》《竖笛悠悠》《航模》《机器人组装》《走进植物世界》等校本教材。全科阅读改变了教师的教学方式和学生的学习方式,既尊重多元发展,又注重自主选择,进一步丰富了课堂的知识结构和文化内涵。

2. 对环境课程的聚焦和提升

传统的环境课程重在学科和知识,是某一门学科教学目标、内容、活动方式等诸多方面的总和。物型课程是综合化的新型课程体系,物是载体,型是着力点,课程是核心,重在物的文化塑型和课程意象,它是对环境课程的聚焦和提升,是环境育人的新维度、新探索[1]。

关于两者的区别,进一步来看主要包括以下几个方面:一是课程性质。环境课程是狭义上的学科课程,物型课程是广义上的大课程,包括实践课程、核心课程、综合课程等多个维度。二是课程目标。环境课程注重知识的传递,物型课程促进能力与素质发展。三是特点与表征。环境课程重在符号化的信息和知识,物型课程重在情境化的生成性知识。四是人与物的关系。环境课程更加强调人的主观能动性,物型课程强调物我合一、格物致知。五是主体间的关系。与环境课程相比,物型课程更强调合作,主张建立紧密的学习共同体。六是场域。环境课程主要局限在室内

---

1 马斌.物型课程:环境育人的新维度[N].江苏教育报,2013-12-04(2).

教学，物型课程建构了校内外的全域学习生态。七是学习资源。环境课程大都使用固定的设施，物型课程倡导全域学习生态。八是教与学。环境课程采用以教师为中心的讲授式，物型课程则形式多样，强调应用、创造、交互等。九是课程组织与实施。环境课程侧重老师向学生讲授知识，物型课程注重学习情境和体验学习。十是课程评价。环境课程大都采用终结性评价，物型课程注重学习过程，采用发展性评价，善于利用评价结果来持续改进学习效果。[1] 总体来看，物型课程是对传统意义上的环境课程的再厘清与再建构。

以如皋师范学校附属小学的物型课程建设为例，校园内伫立着具有478年历史的明代学宫——大成殿。大殿东侧是悠悠古碑廊，西侧是书树小丛林，西南是绘本馆，西北是户外开放图书馆。具有文化承载力和生长力的环境本身就是宝贵的学习资源。因此，学校尽力依托资源，以大成殿为主体资源的环境文化建构，是一种可以被学生无意识吸纳的课程。同时，学校开设晨诵暮鼓课程，每天清晨七点半，由一个班的学生在大成殿前朗诵诗歌，迎接师生入校。为了这一次展示，各班提前选择诗歌，用心排练，盛装展示。每天傍晚，大成乐团在大成殿里鼓乐齐鸣，师生在恢宏的国乐声中离校，门前等候的家长每到这时总是静静地微笑着等待自己的孩子。此外，学校开创大成仪礼课程，在大成殿里开展"一年级'朱砂启智'开笔礼""水文化中的十岁成长礼""大成家书毕业礼"。依托大成殿，激活学生主动参与建构并能提升素养的环境课程，让大成殿成为学生参与完成的"书"，同时"物我交融"的力量使得儿童获得更多的仪式感，实现更强有力的自我播种与生长。[2]

3. 对活动课程的设计与再造

学科课程和活动课程一直是中小学两种主要的课程形态。相对于学科课程来说，活动课程的基本内容是以学生的直接经验为主，它要求从科学的、书本的世界向生活的、经验的世界回归，让学生走出抽象的、符号化的知识体系，进向立体

---

[1] 孙其华，刘湉祎. 论物型课程的内涵与要素[J]. 江西教育，2020（3）：24—27.
[2] 朱爱华. 物型课程的三重境界——江苏省如皋师范学校附属小学物型课程研发实践[J]. 江苏教育，2018（12）：72—74.

的、具象而鲜活的真实世界,实现课程与生活的高度链接,让学生生活在一个真实、开放、复杂的世界之中[1]。因而,从内容来看,物型课程与其有相通之处,都主张搭建课程与生活的桥梁,通过创设真实的学习环境让学生获得直接的感受和体验。然而,深入研究来看,与活动课程相比,物型课程更注重在课程设置上进行系统的规划与设计,不单单是让学生获得经验,或是一种直接的感官体验,更强调学生在活动中对自主意识、文化情感和精神意志等方面的培养。因此,可以说,物型课程是对活动课程深层次的设计与再造。

如江阴市实验小学,学校以儿童之美为生命基础、逻辑原点与价值立场,以成长驿站为基本的空间与平台,设计了丰富多彩的活动课程。"欢乐白相相"是与实小儿童结伴而行的游戏空间、探索基地、创意天地;"美学启蒙馆"是培养学生发现美、鉴赏美、分享美、创造美的主题美育场馆;"一起读书吧"让学生"童眼看世界",师生共同悦读,结伴成为实小的"朗读者";"爱心农场"搭建了公益活动的平台,培育互助有爱、向上向善的道德小卫士;"播播站"成为实小儿童微电影的创作基地、放映展厅、分享乐园……在这些活动课程中,儿童的经历成为形象具体的载体,学校将学生的童年打造成一场美的旅程,将校园打造成一个成长印记的博览馆。

再如徐州市青年路小学,学校在活动课程的建设过程中,引入国家级非物质文化遗产徐州梆子,旨在以戏剧为载体,整合、活化跨学科知识,培养学生艺术审美、语言表达、舞台表演、团队合作的多元能力,努力为学生的综合艺术素养发展奠基。为此,学校精心筹建青晓少儿戏曲体验馆,利用校园传统文化艺术节、校园戏剧节等常规性学生活动,为学生提供展示的舞台,让学生在丰富多彩的活动中逐渐成长为一个全面发展的人。

---

1 潘洪建.我国活动课程发展70年[J].课程·教材·教法,2019(6):31-38.

三、改变教育教学方式

传统教学方式是以知识讲授为主的"填鸭式"教学,这种教学方式忽略了学生个体的独特性和学生群体的差异性,学生处于一种被动的接受状态,因而学习效果低下。随着教育的不断向前发展,这种传统的"填鸭式"教学慢慢转向以学习者为中心,形成一种自主学习的方式。然而,从推进学习发生的媒介或场域来看,这种方式依然局限于传统教学中的课堂、书本,这对教学效率提升来说是一种约束。物型课程的价值在于极大地激活了"环境"这一教育元素,将"物"的作用充分发挥出来,带来了学生学习方式的转变,生发了全域性的学习生态、在场化的学习空间和探究式的学习策略,让学生能够充分调动多种神经元参与到学习活动中,进一步推进了深度学习的实现。

1. 创造全域性的学习生态

物型课程最大的意义就在于"物"的文化塑型和课程意象,由"物"关联起儿童、学校和社会全部生活的意义,在此基础上形成一套完整的、系统化的课程体系,以此对儿童的内在精神进行不断形塑,最终实现以物育人的目标。从某种程度上来说,物型课程是对传统意义上"教学做合一"这种教育理念的价值复归,同时也是对新时代背景下全域学习、综合育人课程观的回应。这种课程观正是教师在物型课程实施过程中需要具备的一种领导力或者说是理论素养,它强调教师要能够充分利用整个校园的空间、地表、文化等资源,如学校的基础设施建设、制度文化、学科课程、角色群体等,将它们转化为学生能够时刻汲取的学习资源,形成一种全域学习的生态系统[1]。

物型课程是以"全域学习生态系统"这一核心理念来打造全新的校园物型空间,为学生提供全域支持,让一切可能发生。"全域学习生态系统"实际上是指由学习者及现实和虚拟的学习环境构成的一个全域学习功能整体,学习者与学习环境

---

[1] 陈岑. 物型课程视域下的教师领导力提升[J]. 江西教育,2020(3):37-40.

之间，学习者与其他学习个体和学习群体之间密切联系、相互作用，通过知识吸纳、内化、创新、外化、反馈等过程实现有效学习的发生。总体而言，全域学习生态系统强调将整个校园空间建设为学生能够时刻学习的环境，或者说是可汲取的一种学习资源，致力于让整个校园成为课堂的延伸、课程的载体、学习的领域和探究的空间，实现课程、基地、文化的高度融合。

如苏州市平江实验学校，为打造全域性的学习生态，学校以"声情并茂"为核心建设的"声韵园""情境园""并蒂园""茂盛园"四大主题园，成为学生诵读、表演、励志、农耕的重要学习基地。学校旨在利用校园的每一个角落、每一个墙面，着力于学校文化的外显，并将学校的育人特色自然渗透其中。

再如扬州市汶河小学，历史悠久的正谊书院成为学校得天独厚的教育资源，书院独家定制的汉文化体验馆集礼仪、吟诵、书法、茶道于一体。每个级段目标明确，低级段偏重于熏陶与兴趣，中级段偏重于实践与积累，高级段偏重于体验与展示。同时，学校充分利用古城自然风光、文化遗产、风俗民情等多种国学课程资源，与学科课程有效整合，还与社区建立稳定的联系与合作，实现校内外资源的整合，为学生创设了丰富的国学实践环境，开展了多种形式的国学学习与实践活动。

扬州市汶河小学正谊书院一年级新生开笔礼

2. 构建在场化的学习空间

一直以来，学校是开展教育教学活动的主要阵地，课堂是教育教学的主要场所，而教室也成为学习发生的主要空间。随着信息技术的发展，中小学校园走向数字化建设，学习的空间和边界被不断打破，由教室拓展到整个校园，由课堂走向线上。实际上，学习空间是一个比较宽泛的概念，可以简单理解为用于学习的场所，但是学习可以发生在任意场所，因此，学习空间包括物理空间和虚拟空间。物型课程强调重构在场学习空间，其意重在突出学生学习的在场化、情境化，让学习在空间中发生，其最终目标是为了促进学习者深度而有效的学习。现今，社会的飞速发展要求教育紧跟时代步伐，教育教学范式的转型成为必然，而这也是物型课程的落脚点。为了弥补传统教学中情境单一、静态式讲授、个体化学习等缺点，物型课程进一步强化了在场学习、情境创设的多元教学方式，强调在场学习和具身浸润，让儿童体验在情境中学习、在活动中学习[1]。

如南京市金陵中学河西分校，学校将"创想空间"建成了可选择、可动手、可猜想、可创意、个性化的实验室，具体包括比特实验室、机器人工作室、3D打印室、技能创造室、智慧教室等。"创想空间"的 STEAM 课程，强调以人为本的设计思想，突出科学性与人文性，融合 STEAM 理

南京市金陵中学河西分校科学与人文物型课程基地——比特实验室

念，发展学生的核心素养。学校还开发了物联网、机器人、3D打印、航模、木工坊等选修课程。课程设计模块化，具有较强的操作性、系统性和完整性。每门课程都根据学生的身心发展规律和认知水平，设计不同的层级要求供学生选择。通过融合科学、技术、工程、艺术、数学、健康、道德等跨学科知识的综合实践课、艺术与表达课，培养学生的科学精神、健康生活能力、责任担当和实践创新素养，努力追求真善美的统一。学校通过育人环境的创新和学习方式的改进，搭建师生理解和实践课程的新平台，开辟科学与人文融合教育的可能与可行的新路径，构建科学与人文相融合的"环境—课程—育人"新样态，努力实现育人环境课程化、课程实施在场化、育人效果永续化、科学人文融合化。

---
1 陈岑.物型课程视域下的教师领导力提升[J].江西教育，2020（3）：37-40.

再如连云港市建国路小学，学校在物型课程研建的过程中进一步深化了教学环境的建设，如学校二十四节气浮雕廊柱、京剧人物墙裙、民间美术长廊、"两中心一展馆"的打造，为孩子们美术潜能的开发及综合素养的提升提供了最为理想的原生场。同时，学校立足美术课堂主阵地，将校本课程与国家课程相结合，开发了多元化物型资源，并通过搭建多维互动式学习平台，创生了具有"民间美术"特色的物型文化，让孩子们在不同的学习情境、不同的学习场域中感受、体验传统文化的魅力与价值。

3. 采取探究式的学习策略

《学会生存——教育世界的今天和明天》一书中将"学会学习""学会生活""学会做事""学会生存"作为推动当代教育发展的四大支柱，而这四大支柱归根结底是强调对孩子自主学习、自我领导等能力的培养。未来社会的发展具有太多的不确定性，只有让孩子学会主动学习，形成自主思考问题、解决问题的能力，孩子才能更好地应对未来的诸多挑战。其中，学会学习需要掌握一定的学习策略，而关于学习策略，我们知道但凡有助于提高学习者学习质量与学习效率的程序、规则、方法、技巧及调控方式均属于学习策略的范畴[1]。而好的学习策略的应用将有助于学生提升学习效能，取得较好的学业成绩，提高他们的学业成就感，进而减轻学业负担[2]。

2019年6月，中共中央、国务院在《关于深化教育教学改革全面提高义务教育质量的意见》中明确提出："优化教学方式。坚持教学相长，注重启发式、互动式、探究式教学，教师课前要指导学生做好预习，课上要讲清重点难点、知识体系，引导学生主动思考、积极提问、自主探究。"物型课程主张儿童在学习过程中学会采取探究式的学习策略，所谓探究式的学习策略是指儿童主动运用一定的技巧或方法不断尝试、体验，从而获得认知的过程。对教师而言，在教学过程中要以实现儿童

---

1 刘电芝，黄希庭. 学习策略研究概述［J］. 教育研究，2002（2）：78-82.
2 马郑豫，张家军. 中小学学生学习策略的调查研究［J］. 教育研究，2015（6）：85-94.

从对物的探究、物的欣赏、物的了解等一系列认识物体到探究物体,最后转为对物的创造力为教学目标,进而培养儿童自主学习、合作探究和知识生成的能力[1]。

如扬州大学第二幼儿园,学校在以"实验田"为主题建构的空间里,让幼儿通过亲自感知、亲历体验、亲悟成长等,去操作、体验、探究和感悟,在多姿多彩的自主实践与探究体验中,积累积淀丰富的知识和文化素养,掌握基本的动手操作能力、合作探究能力和交往沟通能力,培养科学的思维方式和创新精神,促进幼儿在系统的传统文化涵育中积极成长,塑造勤劳节俭、坚毅担当、自律乐群、自主创新等品格。同样的,在泰州市凤凰小学,学校以现代课程理念来重构物态文化,引导学生通过对实物的探索去寻求真知,营造可感知的桐花之"场"。同时,学校引进"麦博思考力"课程,架构学生数学学习与创新思维的桥梁,利用游戏作为介质工具来创设模拟问题情境,使学生学会思考,培养学生用多种方法解决问题的能力。

扬州大学第二幼儿园中医文化进校园

四、推动师生关系转型

在教育教学活动的开展过程中,师生关系一直是被关注的焦点,无论是对教师教学还是学生学习,良好的师生关系的建立将有助于提升教学的成效;反之,僵化的师生关系将对教学活动产生抑制作用。因此,在课程改革的过程中,处理好师生关系这个问题尤为关键。应打破自古以来的权威、专制的师生关系,转向民主、平等;突破支配、从属的师生关系,转向和谐、共生。物型课程本身的文化性和师生共同建构性将有助于推动这些转型。

---

1 陈岑.物型课程视域下的教师领导力提升[J].江西教育,2020(3):37-40.

1. 由权威、专制转向民主、平等

有学者指出,在客观主义的知识传统中,由于崇尚同一、绝对、稳定、中心和权威的知识价值,教师往往是以知识化身、教学主体和道德权威的形象出现。这就使教师在学校生活中拥有了崇高地位,从而导致了师生之间的种种不平等关系[1]。然而随着知识获取渠道的多元化,教师作为知识化身的形象被弱化,师生之间的关系也慢慢从权威转向平等。实际上,对于教师而言,自古以来的定位就是"师者,所以传道授业解惑也",正如《学会生存——教育世界的今天和明天》中所说的那样,教师的职责应该侧重于激励学生思考,其角色更应该是顾问、交换意见的参加者、引出论点的智者。教师必须花费更多时间实施有效且富有创造性的活动,以便更好地与学生讨论、交流、了解[2]。因此,教师在与学生相处的过程中应该扮演引导者的角色,而非专制的管理者,师生之间也应该是平等对话的关系。

物型课程主张师生合作,共同参与学校的文化建设、课程实施、教学设计等,积极调动学生的兴趣,将学生的智慧融入校园建设中,因而,物型课程倡导一种民主、平等的师生关系,追求一种同趣共生、合作对话的新型人际关系。实际上,从本质上来看,知识是动态的、开放的,是不断生成与建构的文本,而对话是对他者及其经验的一种尊重、接纳和开放的态度,也是师生之间的经验、视界、方法、情感、态度与价值的共享和融合。在这种平等对话中,师生是共同在场、互相关照、互相包容、共同成长的[3]。

如泰州市凤凰小学,为了调动学生的学习积极性,学校撤销了教室内的讲台,取而代之的是师生共用的小演讲台,并将原先秧田式摆放的课桌椅改成了"U"型或风车型摆放的桌凳,这样从空间上改变了教师和学生的位置,推动了学校课堂一

---

1 陈科平,冉晋.知识转型视野中的师生关系[J].大学教育科学,2012(2):51-55.
2 联合国教科文组织国际教育发展委员会.学会生存——教育世界的今天和明天[M].华东师范大学比较教育研究所,译.北京:教育科学出版社,1996:107-108.
3 陈科平,冉晋.知识转型视野中的师生关系[J].大学教育科学,2012(2):51-55.

场"静悄悄的革命",实现了学、教的新形式。学校为学生积极创造良好的教育环境,期望学生在环境潜移默化的影响中不断改变自我、提升自我,获得更多突破自我的勇气。

再如郑州艾瑞德国际学校,秉持"走自然生长教育之路,办有温度有故事的学校"理念,将田园课程中的户外课堂打造成为师生民主平等的对话天地,富有真切自然的诗情意境,充满生命的活力与张力。田园课程,按照学生的年龄和年级特点,以二十四节气为脉络、视听触味嗅为主线,充分体现学生的认知规律,循序渐进。在生命教育的过程中,提升学生对生命意义的理解,并尊重生命、珍惜生命、欣赏生命、敬畏生命,感受生活的乐趣,形成亲近自然、亲自动手、亲身体验、亲子互动的物型样态。

2. 由支配、从属转向和谐、共生

关于师生关系如何走向民主、平等,很多人存在质疑,正如在1932年出版的《教学社会学》(*Sociology of Teaching*)一书中,沃勒(Waller W.)认为师生之间就是一种制度化的"支配—从属"关系。师生之间存在着根本性的对立,存在着社会距离之差,是一种强制与被强制、领导与被领导、统治与被统治、支配与从属的不平等关系[1]。似乎由于教师的社会属性和职业特性,致使师生之间这种管理者与被管理者的支配、从属关系成为必然。但事实上,这种解读还是停留在机器化大生产时代的工具思维,随着技术革命的不断发展,社会边界、行业边界、知识边界被不断打破,教师不再是单一的知识传授者,而是兼具了引导者、合作者、参与者等多重身份,所以,师生之间的关系不再是支配、从属,而是转向和谐、共生。

物型课程倡导人与物的"和谐、共生",无论是在校园环境创设上,还是在场馆设施建造上,"和谐、共生"将作为设计的核心文化元素,体现在学校的每一个

---

[1] 贡勋,张忠华.从"支配—从属"到"和谐—共生"——师生关系发展的社会学审视[J].教育评论,2016(4):30-33.

角落。从"人与物"上升到"人与人","和谐、共生"的理念成为物型课程在实践过程中的主旋律。作为教学活动的组织者——教师,应秉持与学生平等对话、理解共生的原则,充分保障学生的权利。

以扬州大学第二幼儿园为例,为推进班级管理,构建和谐的师生关系,学校主张让幼儿成为班级管理的小当家。在"本周我当家"的主题引导下,给幼儿安排"小环保员、小生活员、小园丁、小安全员"以及"小店长、小木匠"等不同的角色,让幼儿轮流竞聘、持证上岗,在为同伴服务的过程中实现他律向自律的转化,体验做班级小主人和学习小主人的责任感和幸福感。学校通过构建平等、对话的师幼关系,家园牵手,使幼儿在"实验田"中,体验看、听、说、画、做、演,公平快乐地学习,自由幸福地成长。

第二节 物型课程的功能

从本质上来说,课程的功能是培养人,发掘个体的潜能与价值,促进个体的社会化发展,同时,课程也是国家教育目的及教育方针在教育中的具体化[1],因而,从功能上来说,课程除了以培养人为目标之外也服务于社会政治、经济、文化、科技等方面的发展。当然,这主要是从课程的社会功能来看,而从教育功能来说,课程对于学校发展、教师成长同样具有重要作用,对于物型课程而言,具体表现在促进学习意义建构、助推校园空间变革、升格校园文化建设和转变教师育人理念等方面。

---

1. 杨晓奇.教育变革中的课程功能:定位失范与恰当调适[J].教育发展研究,2012(6):40-43.

一、促进学习意义建构

对于课程这个概念，伊尔巴兹（Elbaz）曾提出过一个非常经典的解读，他以"课程事件"（curriculum events）一词来表达，认为课程不仅以文本的形式存在，而且还可能是教师与学生共同参与讨论的一系列事件。课程成为过程——不是传递所知道的而是探索所不知道的知识的过程；教师成为一种转变性的角色；学习成为一种意义创造的探险历程[1]。由此可知，课程本身就是一种意义创造、意义建构的过程。物型课程正是基于这一点，从课程本身的意义建构出发来重新定义学习内涵，强化学习元素的联结，促进学习知识的生成等。

1. 重构学习内涵的定义

什么是学习？杜威曾说"学习就是要学会思维"[2]。教师在教学过程中要使学生学会主动思考，形成思维习惯。然而，传统教育多以讲授为主，这种教学方式单一且低效，往往难以引起学生的学习兴趣，更无法让学生产生共鸣进而将知识内化，原因之一是教师对学习内涵的解读存在问题，对学习的本质掌握不清，导致教学方式的选择单一、教学结果无效。基于此，物型课程主张重构学习内涵的定义，将学习视为一种动态的、意义创造的过程，在这一理念指导下，倡导在场学习、情境创设，强调多感官并用，让教师和儿童在交互中实现教学意义和学习意义的重构，这是教师在课程实践中需要坚持的教学立场。如教学意义的重构，以前教师在教学过程中的关注点是教材，即所谓的"以教材为中心"，到后来转变为"以教师为中心"，再到现阶段发展为"教师主导，学生主体"这样一种教学立场，物型课程倡导教材、儿童、教师和环境的相关性，是一种整体性的教学立场，有效避免了教学元素或主体之间的割裂性。

物型课程对于儿童的学习而言，其终极意义在于通过博大、宏伟、壮美的物

---

[1] 魏善春.基于过程哲学的课程建构：理念、价值与实施[J].南京师大学报（社会科学版），2016（3）：96-104.
[2] 杜威.我们怎样理解思维、经验与教育[M].姜文闵，译.北京：人民教育出版社，2004.

境来熏陶儿童的心灵,通过审美化的比德之法来引导儿童"物物而不物于物",即不仅要物我交融,更要学会超脱于物,获得自己内心深处最为真挚的感悟。如南通市通州区实验小学的"用劳动阅读儿童",建构"学习即耕读"的新意义,让学生在知行合一中体味新的成长内涵;"用嬉乐解放儿童",建构"游戏即学习"的新意义,让学生在自然中游戏,在自然中探究,发展自然智能,激荡游戏精神,培养创造力;"用审美发展儿童",建构"欣赏即学习"的新意义,鼓励学生在物型空间中学会欣赏与表达,学会设计与生成;"用实景启迪儿童",建构"关联即学习"的新意义,让学生尝试运用比德妙悟的方式建构自然的人文意义——天人合一、万物有灵且美。[1]

2. 强化学习元素的联结

物型课程以"人"和"物"的互动关系为基点,将"物"作为链接教育者和受教者的重要媒介,主张在教学过程中加强以"物"为载体的多种学习元素之间的联结,同时进一步明确,这种联结不是简单的元素之间的排列组合,而是教师在以实现某种教育目标的前提下,经过选择、精心设计之后的一种有意义的联结。从某种程度上而言,它克服了传统教学中单一、空洞的知识讲授,通过加强学习元素之间的联结以具象、系统的方式向学生展现一种情境化知识结构,从而调动学生的学习兴趣,开发学生的想象能力,进而有效推进深度学习的实现。

如南京市金陵中学河西分校在传统文化课程的建设方面,以南京传统文化中的瑰宝"雨花石"为基点,精心打造了"西河雅集",开设了丰富多彩的雨花石文化课程,主要包括三个部分:第一部分,雨花石的科学本质,主要通过图片文字介绍以及视频素材滚动播放的方式呈现。第二

南京市金陵中学河西分校西河雅集

---

1 王笑梅.物型课程:重构儿童学习的意义[N].江苏教育报,2019-5-15(4).

部分，雨花石的丰富形态，主要通过实物以及图文介绍的方式呈现。第三部分，雨花石的文化内涵，主要通过实物组合以及石、诗、书画结合的方式呈现。学校将雨花石作为传统文化课程的核心要素，用这一实物形象代替了传统意义上的教材教学，并赋予这一元素以自然、科学、人文、教育等多重意蕴，形成一种新的课程文化意境。

又如郑州艾瑞德国际学校，在田园课程的建设中将自然作为教育元素，具象化地实践自然生长教育，课程更具活动化、生活化和趣味化。田园课程扎根深厚的黄河文化，以悠久的中原文明为依托，以几千年来华夏文明的结晶——二十四节气为脉络，通过对自然规律的解读，探究生命生长的规律。顺天时、承天道，崇尚自然，学习大自然的秩序、法则及客观规律，培养学生的社会沟通能力和责任承担能力，让孩子的身心都能健康快乐发展。通过拓宽学生接收信息的五感通道，帮助孩子建立一个优质的信息圈，训练逻辑思维的编程能力，塑造孩子们对外表达的自控自抑能力、良好的沟通能力和社会承担能力，使孩子茁壮成长。

再如扬州大学教科院附属竹西小学，学校以"竹"为核心元素，从学校的风貌打造到课程设置都立足"竹文化"之精粹，辐射自然生态的竹之景观，真正实现"以竹育人"。"竹西八景""七贤林""三友园"以及竹西文化之"诗""书""画""谜"主题板块，使学校成了一本活教材，一花一草、一石一木都负载着竹之性情，师生仿佛无时无刻不置身于竹的园林之中，被"竹文化"深深浸染，以"竹"自勉，感受竹坚韧不拔的高尚情操。

还有连云港市苍梧小学，老师们在教学过程中不断创新思维，将农场与教科书相结合，将书本中的抽象知识变为触手可及的实物要素，如让孩子们统计语文教科书中涉及的植物名称，花生、土豆、向日葵、青椒、茄子及各种果树等都被孩子们从书中搬到了农场里。每个学生都有和植物亲密接触的机会，了解植物发芽、开花、结果等一系列的生长过程，在观察中获得知识，在实践中提高动手能力。

3. 促进学习知识的生成

2015年联合国教科文组织发布报告《反思教育：向"全球共同利益"的理念转变?》。在这份报告中，他们重新界定知识，认为知识的内涵包括信息、理解、技能、价值观、态度。与我们以往所理解的知识的内涵相比，它强调动态的知识，即人们以怎样的价值观、态度去对待知识，具备怎样的技能去理解消化知识、去运用知识解决问题、去创造新的知识[1]。从中不难发现，与知识的传统定义不一样的是，知识的动态性、创新性被进一步放大，而这实际上是在强调知识的一种重要特性，即生成性。

课程作为教育教学的中介，也可以说是知识的重要载体，对此，有学者指出课程不是僵化孤立的文本，而应被定性为"过程性"的存在，以"事件""一段旅程"以及"不断生成的文本"彰显其活动性、转变性的气质[2]。由此可见，无论是知识，还是课程，都强调动态性、过程性，也即不断的生成性。再看连接知识和课程的重要实践方式——教学，有学者也指出教学不仅仅是知识的传授过程，更应成为师生在已有知识信息基础上启发和调动一种新知生成、建构和创造的过程[3]。而物型课程理念指导下的教学过程就是这样一种师生共同参与、共同建构的学习知识不断生成的过程，这种生成是计划之中的，同时又是意料之外的。它一方面强调教师要具备培养学生创新思维的能力，为此制订相应的教学计划；另一方面又不限于教学计划的原样开展，而是允许并随时期待着计划之外的新东西，这种新东西（抑或说知识生成）往往是教学过程中最宝贵也最难得的。

以书法为例，作为中华民族的瑰宝，它既是物的表象，也是一种技能、一种艺术，更是一种文化。千百年来，儿童学书主要侧重技法的传授，但这样狭隘了书法的内涵，湮没了儿童学书的兴趣，甚至是将"活生生"的书法变成了一种没

---

1 程红兵.面向未来的课程改革[J].课程·教材·教法，2020（2）：20-26.
2 魏善春.基于过程哲学的课程建构：理念、价值与实施[J].南京师大学报（社会科学版），2016（3）：96-104.
3 魏善春.基于过程哲学的课程建构：理念、价值与实施[J].南京师大学报（社会科学版），2016（3）：96-104.

有灵魂的记忆模仿。为此,无锡市兰亭小学提出了"童化"物型的教育主张,从儿童的视野来选择内容,选择符合儿童年龄特点的书法训练内容,不拔高、不求全,挖掘书法背后隐含的历史、典故、名人、文字的含义等,增加兴趣,破解枯燥乏味的技法训练。以儿童喜欢的方式来组织活动,开展形式多样的学习,强调自主、多元、合作,鼓励学生个性化地学习,以自己喜欢的方式投入学习过程中,使之真正符合儿童的发展。兰亭小学从儿童的立场来建构书法,关注儿童、研究儿童、适应儿童,让他们有参与权、话语权,让他们自己去建构书法,生成属于自己的书法知识。

二、助推校园空间变革

校园环境作为学校的重要组成部分,其内部的建筑设施、景观小品、廊道庭院等也是学生学习和成长的教育资源。实际上,学校建筑的每一部分都蕴藏着其独特的教育意蕴,整个学校建筑的布局与功能设置、规模的大小、班级的编排、庭院的营造、休憩和娱乐场所的提供、建筑小品的建置、校舍景观的命名,以及一草一木、一门一窗、一砖一瓦、一桌一椅的营建等,皆是人们基于一定的目的进行的规划与设计,内隐着人们对教育的认知与理念,承载着人们对学校教育活动和人才培养的种种期许与诉求,而建成后的学校建筑则以实质空间与相关符号,通过"人—境互动"对师生的品德与价值观、个体行为与教育绩效、身心舒畅等多个方面产生浸润性的影响[1]。物型课程正是从"以物育人"这一视角出发,对校园空间的生态布局进行重新规划,并对景观小品进行教育设计,凸显校园场所的文化表达,进一步助推校园的空间变革。

1. 规划校园空间的生态布局

自古以来,"山水"一直是人们在进行建筑设计时考虑的重要元素,一方面是

---

[1] 邵兴江.学校建筑:教育意蕴与文化价值[M].北京:教育科学出版社,2012:185.

从居住环境的舒适度出发,另一方面也符合传统文化中对自然的一种审美需求。同样的,物型课程倡导学校在进行空间设计时也要突出原生态的山水气象。无论是老校改造还是新建学校,微山微水的建设要纳入顶层设计之中。挖地成河,河土堆山,让有山有水的校园成为师生心灵放松的港湾[1]。在山水生态的布局设计之外,校园的植被配置方面也有一定的讲究。物型课程强调每株植物都是一个知识源,树木是最具人文意象的植物,植被配置应丰富而有意境,使教育能漫溯到学生灵魂深处。在寓意上,要栽种深具人格意象的树木,如柳、梅、松、竹等,以期形成与课堂教学内容对接的实境。在意境上,要有大树、老树、高树、奇树、枯树,且形成高低错落的层次。冬日枯树隐映淡淡的高远、沧桑和质感,极易将人的思维引向苍穹、走向远方。在色气上,要强调树色搭配,以激荡意气。在造型上,以带状突出林荫大道的"线感",如樱花大道、银杏大道等;以面状寻求林木簇拥的"块境",如杏花村、桃花源、梅花林,学生徜徉其中,可感受时光流转,寒梅流香吐蕊,桃李灼灼芳华[2]。

以南京市金陵中学河西分校为例,学校在建立之初就以"设计之美"来构思校园。在238亩的校园空间里留出了60亩的中庭,大气的校园,整洁的秩序,怡人的环境,开阔而安静,学生在这里享受生命的生长和自然的季相。校园中有林荫大道,有鲜花盛开。有层次,有韵律,这是美的画卷、美的叙事。这一切,都构成了金中河西独特的气场和气质。

学校的物理空间,并不是静态的存在,承载的不仅仅是设施、树木、道路等,还承载着人的活动,并在与人的

南京市金陵中学河西分校冬季校园

---

1 马斌.物型课程:化万物以育人[J].人民教育,2019(9):54-59.
2 马斌.物型课程:化万物以育人[J].人民教育,2019(9):54-59.

互动中产生空间的意义。学校的空间管理就是调整和重构这些关系的秩序，为教育教学的需求设计和建构空间，进一步体现空间的功能性特质。

如连云港市柘汪中学，学校在进行布局设计时以"自然和仁爱教育和谐共生"这一理念来打造学习环境。学校的大门外两侧栽植迎春和紫薇，体现"喜迎（迎春）学子（紫薇）"之意。进入校园，映入眼帘的是广场两侧的"东湖西山"。东边有大小两湖，呈心状，大湖喻指老师，小湖喻指学生，两湖沟通则谓两心相连，心心相通没有隔碍，故名"连心湖"。湖中有一亭一桥，亭曰德风亭，桥为莲韵桥。"德风春阳化万境，爱心秋水连一桥"，置身于湖中，能让学生感受自然之美，在潜移默化中使他们的仁爱精神得到升华。环湖四周的合欢树、法国梧桐、火炬松、雪松等，春夏时节总是绿树成荫，枝繁叶茂。学生身处校园之中，仿佛置身于自然，可以探究自然规律，可以认识自然万物。这一切都使学生于无形之中接受教育，得到成长。

再如连云港市黄海路小学，学校以"儒雅教育"为行动哲学来进一步丰富学校的物型空间建设。学校新建大型开放型书吧一座，命名为"半亩方塘"。半亩方塘内，图书丰富、绿植清新、音乐悦耳、环境怡人。书吧的建成与使用，极大丰富了学校的空间物型，形成了"一园一阁一广场，一楼一轩一书吧"的校园规划布局。同时，学校聚焦物型课程的创新实践，进一步丰富校园地表文化，革新校园空间文化，探索学科教学文化，提升校园行为文化，用物型课程的创新表达来推动学校的高品质发展。

2. 创意校园景观的教育设计

校园景观是校园环境的重要组成部分，物型课程主张赋予校园景观一定的教育意蕴，对学校的一些建筑造型、园林小品、外墙风尚、廊道设计、道路铺设等进行创造性的教育设计。如校园建筑的部分，应让学生生出"感情"。格调大方、色型大气、装饰大雅是建筑美感的标准，不论是布局、结构、色彩还是造型，都要体现课程文化和教育元素。校园建筑更要在厚重文化底色、增强教育情感、触动学生灵魂、增加经典文化元素上下功夫[1]。如过道走廊，应成为儿童自由交往的场所、喜闻乐见的知识海洋、课堂之外的自学天地、自娱自乐的放松空间。廊道文化的重点应在体现知识广度，建设中还要体现匠心之美、人文精神和儿童情怀，关键要让孩子喜欢。空间文化要以图文思维为主，增强学生在信息时代碎片化知识环境下的概括能力[2]。

以南京市金陵小学为例，学校在建筑设计上将"爱"化作满天星，撒遍校园的每个角落。走近校园，门口的"六大解放"浮雕中央，大心连小心，心心相印，筑梦起航；艺体楼墙上硕大的"爱满天下"四字熠熠生辉，彰显师爱的博大情怀；爱满园里的"师生相偎"雕像，爱意流长；仁园一角的"母鹿教子"雕像，舐犊情深……校园里满心皆爱意，处处有温情。行政楼前屹立着学校师生的精神图腾——石抱树："树，据石而生。石，抱树而立。石在坚硬中蕴含温柔，树在柔软中彰显力量。"石抱树精神已然根植到学校每一位师生的心中，内化到学校工作的方方面面，成为学校发展永不枯竭的精神动力。总体而言，金陵小学在深入推进物型课程的实践中，充分挖掘物型之道，将之转化为教育之道，将物态文化景观转变为孩子体验的"境"、实践的"场"、创造的"器"、学习的"坊"，使校园真正成为"开放的课堂，流动的书本"，让儿童在有情趣、有磁力的物型场域中去学习、去发现、去创造，成为具有中国灵魂和全球素养的世界儿童。

南京市金陵小学

又如连云港市灌南县长江路小学，学校以生命成长为载体，其和雅物型以天然、自然、应然的物化形态呈现，赋予了和雅文化特有的育人方式，通过以物育人、

1　马斌.物型课程：化万物以育人[J].人民教育，2019（9）：54-59.
2　马斌.物型课程：化万物以育人[J].人民教育，2019（9）：54-59.

以人化物的校园形态,丰富学生多彩的生命品质。走进和雅园,仿佛置身在美丽的花园中,一年四季都能见到属于该季节的花朵绽放。同时,学校不断加强路廊馆阁的文化内涵,努力将校园建设成一本具有生命气息的教科书。如建设慧雅文化长廊,廊内有书法、国画、葫芦丝、版画、二胡等传统艺术介绍,让学生感受中华文明的博大精深;文雅苑、和雅路、仁义礼智园、晨光阁、夕驻园等特色建筑,更将学生引进了优美的学习胜境中。校园里处处都充满生命气息,激励学生做人求学。

3. 凸显校园场所的文化表达

校园中的场馆、教室是教育教学活动开展的主要场所,场所中的环境设计更是对学生的学习效果产生重要影响。以教室为例,教室既是一个由桌椅和黑板构成的物质空间,又是一个师生同在的活动空间、生活空间、信息空间和社会空间,甚至是一个生态空间。因此,它不可能仅仅是一个物理空间,而一定是一个具有教育意义的文化空间。教室文化一定是要满足学生发展需要的文化,是要满足学生大脑发育、生理和身体发展、认知和情感发展、道德和公民性发展、个性和社会性发展、健康与安全发展、艺术和审美发展需要的文化[1]。因而,校园场所在建造设计、环境布置时要充分体现文化这一核心要素,而物型课程对凸显校园场所的文化表达具有重要的指导功能。

走进扬州市汶河小学的教室,独具匠心的个性展示栏、主题鲜明的班级自主栏、琳琅满目的经典图书架、生机盎然的自栽植物群,凸显着每个班级的文化内涵。书桌上一本本耐人寻味的经典诵读笔记,墙壁上一篇篇脍炙人口的千古美文、一幅幅刚劲有力的书法作品、一句句鼓舞人心的读书标语,让孩子们在潜移默化中净化心灵、陶冶情操。国学经典就是这样"润物无声"地让学生的道德品质有了质的升华。而南京市致远初级中学则依托阅读长廊,定期展示读书推荐卡、群书(文)思维导图、阅读手记等,丰富学生的精神生活。同时,每间教室外配有流动图书架,定期漂流图书,红、黄、蓝三原色书架对应七、八、九三个年级,朝气蓬

---
[1] 朱旭东. 论教室文化的建构 [J]. 华东师范大学学报(教育科学版), 2020 (3): 57-70.

勃的色彩与同学们天真无邪的样子相映成趣，课间、午休、自习时，同学们或倚或靠，沐浴阳光，与文字邂逅。教室内的读书角也散发着一缕馨香。伫立在报告厅前的朗读亭、阅读亭，更是同学们交流阅读心得，用声音诠释阅读的重要场所。

扬州市汶河小学书法教育进校园

又如淮安市周恩来红军小学，学校本着"托起明天的太阳"的办学初衷，结合学校的独特内涵，回归儿童的视角，寄予审美的情趣，精心构建了恩来园、长征园、国防园、文学园、科学园、艺术园、种植园、生态园等"八园"。其中，国防园展现了祖国强大之美。国防园建于地下，由学校人防工程精心改造而成。辽宁舰、J20、运20模型……现代国防科技成果尽收眼底，供孩子们参观、演练，祖国的强大之美激发着孩子们的报国之心。文学园品味文学经典之美。漂流书柜、图书走廊、阅读廊台处处书香，学生随心阅读。在其主区设有开放的表演区，孩子们在这里表演课本剧，演绎经典故事。文学浸润心灵，美好在读书中生成。在科学园见证科技进步之美，在艺术园感受艺术创作之美，在种植园体验劳动快乐之美，在生态园亲近自然纯朴之美，各美其美，美美与共，学生美好的人格在美丽校园之中格物滋生。

再如南京市高淳区淳溪中心小学，学校以弘扬"老街文化"为中心，建造了"老街文化"主题馆。场馆大厅陈列"绣艺、泥艺、扇艺、画艺、鞋艺、纸艺"这些淳小"六艺"学生作品。正中大型浮雕上有古代"高淳四宝"及现代高淳国际慢城、固城湖大闸蟹等老街本土文化元素，彰显老街文化的厚重与创新。此外，主题馆还建立了老街少儿采菊东篱坊、兰亭坊、手工坊、丝竹坊、天籁坊、踏歌起舞坊、运筹帷幄坊等七大"老街文化"学生社团工作坊。方言童谣俚语社、梨园社、民间故事会、扎塑社、剪纸社、十字绣社等四十多个社团的学生在工作坊通过教师引领、同伴互助、主题分享的学习方式,在富有传统文化意蕴的和谐氛围中发展自我,愉悦身心。

三、升格校园文化建设

学校文化,一般是指学校在发展过程中形成和积淀的师生认同的群体价值观和核心理念。物型课程理念指导下的学校文化建设主张对物质文化、制度文化、行为文化、课程文化、教师文化等多种文化进行系统性的整合,形成核心文化理念统领、多种文化元素分布的和谐共生状态。总体而言,物型课程有助于升格校园文化建设,包括打造具有中国特色的"空间诗学"、创生具有教育意蕴的"建筑美学"、培育具有文化力量的"场所精神"等。

1. 打造具有中国特色的"空间诗学"

"物"与"人"的关系是中国文化的一个重要特质。传统文化中"器物精神"内蕴美学意涵,器物与精神之间反映的正是人与物的关系,由此形成以物育人、以物化人的文化形态,即在"物"的潜移默化中形成人的审美文化价值取向,改变与提升人的精神世界层面,并进一步实现"以人化物",即通过人的主观能动来改造世界直至创造世界。漫漫历史长河中,人与物的关系逐渐凝固在"天人合一""格物致知"等词语中。物型就是试图凝练有中国意蕴、中国表达的"空间的诗学",从而打造一批具有时代特征和民族特性的彰显中国精神、中国风格、中国气派的校园。

以物型课程项目学校为例,如连云港市黄海路小学,学校精心构建校园文化,倾力打造具有中国特色的儒雅校园。目前,学校已建成肃穆宏伟的孔子广场、小桥流水的若水园、典雅润致的藏书阁、古色古香的三省堂、古朴庄重的孺子学堂、雅韵十足的听雨轩、大气磅礴的书法长廊,形成了"一园一阁一广场,两堂一轩一长廊"的物型课程新格局。在孔子广场,学生可以通过石雕了解春秋时期孔子在赣榆的经典故事,感悟孔子为人处世的哲理;在若水园,学生可以在流连小桥流水的同时,感受孔子在泗水河畔教育弟子的场景;在儒子学堂,师生可以身着汉服,通过校本教材《七彩论语》的课堂体味儒家文化的博大精深;在听雨轩,学生可以在古典音乐声中徜徉、畅游书海……学校充分利用这些文化环境资源,充分挖掘儒学思想与教育结合的无限潜力,让学生在学习的同时感受文化的熏陶。

又如丹阳市埤城中心小学,学校致力于将校园打造成为弘扬中国传统文化并具有中国文化特色的"诗园"。在校园建筑设计上,按区域、分主题建设了以"诗韵"为主线的诗墙、诗石、诗桥、诗廊、诗柱。结合节日主题,组织教师进行诗词创作并择优布置在诗园中,从而优化育人环境,让校园的地表文化真正成为学生情趣共生的土壤。充分利用好教师资源,发展国画、儿童画社团,并打造一片诗画乐园,真正做到"诗画润童心,童心齐飞翔"。同时,学校还打造了诗墙课程,对各班教室进行整体的规划和布置,分低、中、高三个年段分别挖掘出符合小学生发展规律、学生乐于接受、具有教育导向的诗词元素来布置班级文化——"诗润童心"。低年级以动植物为主题,中年级以爱家乡、爱祖国为主题,高年级以励志、报国、勤学等为主题,从主题诗句入手,到相关的诗句、精神的解读,各有特色。各班班牌照片活泼,班名、班徽醒目。从教室外到班级内,从晨会、班会到其他课程,从墙上文化到学生行为活动,无不体现着各班的特色。诗柱课程,将连廊中的诗柱按作者和题材进行划分,打造了一片课堂的延伸地,并开展了"我最喜欢的诗人""讲诗人故事"系列活动。学校做到课程有计划、有方案,活动有安排、有交流,让学生更好地进行场文化的学习,从而真正做到以物育人。

2. 创生具有教育意蕴的"建筑美学"

建筑本身就是一种文化,而文化是建筑的灵魂所在。学校建筑文化是指学校的校舍、校园、运动场及其附属设施等共同营造的建筑空间所体现的整体形态、功能与布局、风格与艺术、所承载的多元文化意蕴、蕴含的教育哲学与办学理念以及人们对建筑的评价、欣赏、情感依附等文化元素的总和[1]。由此可见,建筑本身包含社

---

1 邵兴江.学校建筑:教育意蕴与文化价值[M].北京:教育科学出版社,2012:108-110.

会、制度、文化等多种元素。物型课程倡导创生具有教育意蕴的"建筑美学",让校园建筑打造兼具文化意义与美学价值。至于美学,它是从人对现实的审美关系出发,以艺术作为主要对象,研究美、丑等审美范畴和人的审美意识、美感经验,以及美的创造、发展及其规律的科学。物型课程中的"物"作为学生学习、学校文化和意识形态教育的载体,同时也是一种校园艺术审美对象,其本身具备审美取向,给人以美的感受和美的体验。

以宿迁市钟吾初级中学的孔庙为例,它是依照曲阜孔庙规制、奉命修造的功能性建筑,以南北为纵向中轴线,左右均衡对称,呈坐北朝南布局,从前到后依次为影壁、泮池、棂星门、大成门、大成殿及两廊庑、明伦堂、尊经阁等,呈前庙后学结构。这种规制性表现出整齐划一、井然有序、均衡对称的庄严美。宿迁孔庙整体建筑风格不仅拥有北方文庙空旷大气、态势雄伟的宏大美,还与东边完全仿苏州园林风格而建的"曦园"完美结合起来,也体现出南方文庙移步易景、温婉雅致的秀丽美,不但给人以地域性建筑特色的艺术美和视觉享受,而且也是研究地域文化特色、建筑风格的重要依据。

3. 培育具有文化力量的"场所精神"

培育具有文化力量的"场所精神"是目前学校教育中急需的生态环境,也是物型课程发挥升格学校文化建设功能的作用之一。以室内开发为例,一是教室改造。长期以来,我们往往重视课堂教学,忽视武装教室。教室是班级文化、班级个性的重要载体,教室是一个梦的世界、方法的世界、知识的世界、展示的世界、责任的世界,更是学生成长的世界。教室革新的重点在于改造教室,以生态空间丰满学生理想。如果说课堂是春晚,每一节课是节目,那么教室就是春晚大舞台。教室文化改造势在必行,学校可通过举办教室文化比赛,将普通教室打造成具有书香生态、植物生态、信息生态、科学生态、学科生态的教室,也可以根据班级特点进行文化再造。二是在专用场所的专业化建设中,要努力克服专用教室有形无意的不足,要完成从形到意的升华。三是厕所文化,这是室内革新的一个难点。厕所文化是学生素质、学校文明高低的重要体现。我们应积极打造厕所文化，使其也有"书香气"[1]。

如丹阳市丹凤实验小学，学校以"蒙真教育"理念为指导，择"龙文化"之精华，依托文化自信，选择丹阳非遗文化，拓展国家课程中的龙文化等资源，通过创设场境，如"龙文化民俗馆"，让学生通过看、听以及触摸式一体机的体验，了解学校的龙文化；通过龙艺体验中心、龙体体验中心、VR体验中心等，让学生置身其中，交流展示龙文化，让每个孩子都有机会实现自我、提升自我。同时，树立榜样、形成评价，让学生乐学、勤学、善学，浸润合作、自立的品格。此外，学校充分发挥了教师的重要作用。教师是学生品格提升的关键，要想落实传播知识、传播思想、传播真理、塑造灵魂、塑造生命、塑造新人的要求，就必须要求教师成为学生的榜样，让教师成为可敬、可靠的人，引导教师悦读、悦历、悦心，形成一支乐教、勤教、善教的教师队伍，从而以"龙"的舞动带动丹凤全体师生更加和谐、灵动地发展。

又如苏州市平江实验学校，学校东翼的"平江书院"即学校图书馆，采用中式设计，古朴、庄重而又带有灵气，与中华悠久的传统文化相一致，与学校建筑大环境相协调。在平江书院东侧，学校创设"源远流长"碑刻廊，经历了时间沉淀的石碑默默诉说着学校独有的文化积淀与无限魅力。

苏州市平江实验学校泮桥

再如宿迁市钟吾初级中学，作为儒家文化的物型载体，宿迁孔庙首先具有丰厚的遗产价值，包括照壁、泮池、棂星门、大成门、大成殿、明伦堂等在内的物态建筑，都包含了作为中国传统文化主流的儒家文化特定的价值观以及人生理想，在儒

---

[1] 马斌.空间文化：构建知行合一的识见维度［N］.江苏教育报，2016-05-18（3）.

家文化的成长、壮大和发扬上起到了至关重要的承载作用。因而，孔庙这一场所蕴含的儒家文化精神对学生的品格塑造、能力培养、个人成长等具有重要的价值。

四、转变教师育人理念

在传统教育中，由于知识来源渠道的有限性，教师往往是作为知识化身的一种权威性存在，因而，知识传授成为教师职业的主要工作，慢慢也内化为教师主要的教育理念，他们的关注点是以知识为中心，而非以人为中心，这就导致了教育的本末倒置，实际上知识只是教学的内容，而不应该成为教育的中心。随着教育现代化进程的不断加快，学生的主体地位日益凸显，以育人为中心的主张也成为学校教育的核心理念。然而，在实际的教学过程中，如何以育人为中心，如何促进儿童的全面发展仍然是有待研究的难题。对此，物型课程呼吁教师从植根儿童的生活世界、创建人与世界的关联的角度转变育人的理念和方式，从而进一步提升儿童的能力素质，促进儿童的全面发展。

1. 植根儿童的生活世界

关于儿童教育，卢梭提出了"教育要适应儿童天性的发展，以培养自然人为目的"的自然主义教育观[1]。杜威提出了"儿童中心论"，他认为"学校有机会把自己与生活连接在一起，成为儿童的家；在这里，儿童们通过直接的生活而学习"[2]，强调学校教育应与社会生活相结合，与儿童的生活相结合[3]。由此可知，学校教育离不开儿童的生活世界。从感知性、形象性占主导的儿童认知规律和特点出发，物型课程强调教师在教学过程中要植根儿童的生活世界，将抽象的学科知识还原到具象生动含蕴无穷变化的生活世界，将单一化的认知活动还原为在整体性的生命活动中开展的丰富的教学过程。通过生活空间和课程资源的提供，为儿童自主体验、感受、

---

1 卢梭.爱弥儿[M].李平沤，译.北京：商务印书馆，2012.
2 杜威.学校与社会进步[M].刘时工，白玉国，译.上海：华东师范大学出版社，2012.
3 杜威.民主主义与教育[M].王承绪，译.北京：人民教育出版社，1990.

判断、思考、推理、联想、类比等等提供条件和系统支持，使儿童的发展紧紧植根于生活的土壤。在儿童不停地进入生活、体验生活、创造生活的过程中，使得生命的责任感与丰富性自然地重返儿童的学习生活[1]。

以无锡市藕塘中心小学为例，学校设有小小农展馆、小荷微农场、小荷感知园、小小组培室、无公害检测屋、小荷美食工坊六个主题场馆。学校用两条主线贯穿起六个主题场馆。主线一是"农耕文明"从古到今的发展缩影，让学生能亲身体验农业从刀耕火种到数字化操控的穿越。主线二是农作物从播种到收获、品尝的体验过程，让学生在春种秋收中亲历体悟，体会劳动的艰辛及收获的喜悦。在小小农展馆中，孩子们透过老物件看到过去农村的生活场景；在小小组培室里，孩子们亲自进行马铃薯、草莓等植物的继代培养，播下孕育科技人生的种子；在小荷微农场中，孩子们利用班队课、综合实践活动课等时间段进行蔬菜的播种、浇水、施肥、丰收、义卖，体验"小菜农"从播种到收获的酸甜苦辣……

无锡市藕塘中心小学学生在方桌田中收获蔬菜

再如海安市城东镇西场小学，学校提出了"学本课堂、分享智慧"的行动口号，致力于打造适合每一个学生发展的课堂。第一是正确定位"学本"课堂。以先进教育理念为引领，以本真教育艺术为手段，可以是一种教学模式，也可以是一种教学内容，本质上是课堂风格的集合体，最终形成一种品牌。第二是确立"学本"课堂的指导理念。以《国家中长期教育改革发展规划纲要》为指导，围绕其核心思想"尊重教育规律和学生心理发展规律，为每个学生打造适合的教育"，从关注课堂学习群体深入到关注课堂学习个体，从关注同质教学深入到关注异质教学，从关

---

[1] 陈宁.寻找人与世界和谐共生的教育方式——物型课程的教育取向、实践特征与逻辑[J].江西教育，2020（3）：28-32.

注知识深入到关注素养。第三是构建"学本"课堂的教学模式。体现在"学、导、探、实"四个过程上:"学"主要指学生"前置、先学","导"主要指教师"提问、引导",在这两个过程中,保证学生有质疑问难的时间与空间;"探"主要指"合作、探究","实"主要指"分享、实践",这两个过程保证学生有实践探究的时间与空间。第四是把握"学本"课堂的操作要素。立足"学本"课堂的内涵本质与价值取向,教学过程体现"五精",即精当的教学目标、精要的习学过程、精诚的导引点拨、精心的训练实践和精简的课外活动。总体而言,学校立足学生本位,从每个学生的学习规律和学习特点出发,充分关照了学生个体的能力培养和学习成长。

2. 创建人与世界的关联

斯宾塞认为,教育的目的在于"为完满生活做准备",人通过教育获得知识和技能的增长,为走向社会、为未来的完满生活做准备,这实际上是在强调教育对于人的社会化发展的促进作用,而这也是教育的重要功能之一,即促进人的社会性发展。所谓社会性发展,是指教育要培养学生为未来参与社会工作做准备的能力和素养,因此,教育的过程离不开社会这个大环境。无论是杜威提出的"学校即社会",还是陶行知提出的"社会即学校",两者都强调了学校与社会这种密不可分的关系,学校可以看作一个微型的社会,社会同样也可以成为教育的实践场。物型课程主张教育和社会、世界的融合相通,着眼于为未来社会培养新人,将课程与生活、与社会发展关联起来,培养学生自主学习、终身学习的能力,为应对未来社会的挑战奠定基础。因此,教师在教学中要创建学生与世界的关联,重构学生与周边环境、生活世界的关系。

校园是儿童生命与世界的联结,这里应当有城、有镇、有国、有岛……在常州市武进清英外国语学校,校园,首先是一个儿童的世界,是一个充满快乐的地方。学校从儿童的视角出发,构建了一个叫做"学校中的儿童地球村"的村落;从儿童的视域启程,构建了一片叫做"童心"的温暖港湾。学校将世间的一切美好置于校园中:理想国,是学校的大脑和中枢,是指导学校发展和师生成长的智囊;童话城,是孩子们的学习场,孩子们以童话为交流方式,在这个童话空间里创造自己的童年精彩;甜甜街,源自孩子们最喜欢的甜甜圈,甜,是童年的味道,更是学校对孩子快乐成长的期许;梦工场,是学校的演播厅,孩子们在这里编织梦想、追逐梦想、实现梦想;呼噜岛,是孩子们温暖的休憩小站,轻轻的呼噜声伴着孩子们进入最甜的梦乡……

物型课程的学校里有理想国、梦工场,也有生活馆、实践基地。如泗阳县实验小学,学校精心建立了各种体验基地,每学期均开展扎实有序的社会综合实践活动。如走进草莓园、彭雪枫纪念馆、农耕博物馆、生物质发电厂、洋河酒厂等单位或基地考察体验,每项活动既当作课程进行落实,又在方案中突出思维训练、实践能力和创新能力的培养,让学生既掌握书本知识,也了解社会生活。同时,成立年级志愿服务团,每周按年级开展志愿服务,走进社区宣传"八礼四仪",走上街道清扫垃圾,走进敬老院为老人服务等。这些活动的开展让学生积极融入社会,融入他们所生活的世界,在锻炼实践能力的同时也为未来的社会生活奠定了坚实的基础。

3. 提升儿童的能力素质

物型课程是集认知、参与、创造于一体的新型课程模式,在坚持"五育育人"的同时遵循人的全面发展规律,以提升儿童的能力素质为目标,重在"物道""物理""物情""物趣"和"物行"五方面能力的培养。其中,"物道"即道德养成,物型课程是新时代涵育社会主义核心价值观,实现立德树人根本目标的实践探索,以学生的道德养成为首要目标;"物理"即学习能力,物型课程注重对学生学习能力的培养,让学生主动学习、学会学习;"物情"即人格情感,物型课程强调以物育人、以文化人,能够调动学生的多种感官,同时获得不同的情感体验;"物趣"即审美能力,物型课程能够提升学生的审美能力,包括唤醒学生的审美认知力、审美表现力和审美创造力等;"物行"即劳动能力,物型课程主张让学生自己动手,从生活世界出发,身体力行。总而言之,物型课程有助于促进学生认知、能力、情感、品格等多方面的发展。

以连云港市海头中心小学为例，学校从塑造儿童美好人性，培养儿童健全人格出发，以"星耀童年"办学理念为统领，以"爱润童心，慧毓童真，悦扬童趣"三个维度为价值取向，以"多维统整"为基本手段，对各种课程资源进行拓展和重组，构建了包含童心、童真、童趣三大系列的"悦童"拓展课程。拓展课程以培育学生的主体意识、完善学生的认知结构、提高学生的自我规划和自主选择能力为宗旨，着眼于培养、激发和发展学生的兴趣爱好，开发学生的潜能，促进学生个性的发展和学校办学特色的形成，是一种体现不同基础且具有一定开放性的课程。学校试图通过拓展课程让儿童进入充满童真、童趣的教育情境中，在真实、有趣的特色课程中保持儿童真实的生活状态，展示儿童真实的自我，让儿童获得自由的发展。"悦童"拓展课程架构如下：一是童心课程。包括"文明礼仪""习惯养成""社会实践"三大类，开设中华孝道、跟我学礼仪、社会体验、星级评比等10个课程，侧重实现品行育人，让每一个孩子有品质。二是童真课程。包括"童心悦读""做数学""童心看世界"三大类，开设绘本阅读、品读经典、诗词鉴赏、珠心算、我爱魔方、算24点、数独四六宫、英语戏剧等24个课程，侧重学科课程知识的拓展，让每一个孩子有真知。三是童趣课程。包括"科技制作""艺术修养""体育锻炼"三大类，开设舞蹈、合唱、泥塑、花瓣秀、蛋壳画、书法、科技模型、健美操、篮球、足球等36个课程，侧重发展学生的兴趣爱好，让每一个孩子有特长。

又如泰州市凤凰小学，学校以自然实践为抓手，以学生生命成长为主线，以本草园、蝴蝶园、果树园建设为载体，构建了学生自主发展的生态课程群，力求给学生提供丰富而深刻的实践体验。一是本草园课程。帮助学生学习种植和使用本草，尝试将STEAM教育校本化；学习祖国中医药文化，了解中医药与生产生活的紧密联系；培养学生热爱观察、善于探究、乐于发现的科学素养。一系列实践活动的开展，让学生懂得热爱自然、热爱生活、热爱科学，关心人类社会的进步和发展，增强社会责任感，学生的劳动技能、生活能力、个人修养、家国情怀也得以培养。二是蝴蝶园课程。园子里主要饲养丝带凤蝶、玉带凤蝶等体型较大、色彩斑斓的蝴蝶，并种植了马兜铃、柑橘等蝴蝶的寄主植物，形成一个有机的生态整体，为学生学习自然科学提供灵动的情境，是学生进行科学知识探究和生态研究的课程资源基地。学生深入其中，可以探索蝴蝶生长及其生态环境，培养自己的好奇心、对自然生物的兴趣及乐于发现的科学素养；可以养育蝴蝶，了解其一生的变化，感悟生命体成长的艰辛和神奇；可以研究蝴蝶与人类活动的关系，思考社会发展与环境保护之间的关系；可以在自然实践活动中学会与他人合作、交流和分享，学习劳动与创造。三是果树园课程。学校在整个校园中分散栽种了 10 多种 50 多棵果树。学生置身校园，伴随着每一棵果树从春天吐蕊到秋天挂果，感受着四季的轮换、生命的精彩。通过观察和探索，激发少年儿童对大自然的好奇心和探究欲；通过养护劳作，强健学生体魄，培养其劳动技能、合作意识和创造能力；通过课程实践，培养学生的观察能力和发现问题、解决问题的能力。孩子们在养护、管理、收获、分享等实践活动中体验着陪伴、期待、喜忧、自律等，与果树一同成长。总体而言，"自然实践三园"课程的实施，让学生在课程学习中亲近自然、关注自然、拥抱自然，让学生在自然实践中培养理性思维，以及勇于探究、勇担责任等必备品格，提升他们动手操作、解决问题、人际交往等关键能力。

总而言之，在教育不断变革发展的今天，物型课程对于创新学校育人模式、丰富课程理论形态、改变教育教学方式和推动师生关系转型等都具有重要的意义和价值，同时也在促进学习意义建构、助推校园空间变革、升格校园文化建设和转变教师育人理念等方面发挥了重要的作用。而回归物型课程本身，基于儿童立场，从儿童的身心成长规律出发，以促进每一个儿童的全面发展为目标，坚持把落实立德树人根本任务作为出发点和落脚点是物型课程始终不变的要义。作为教学活动的组织者和实施者，在课程建设的过程中观照每一个儿童的个性特征、阶段性发展规律，促进儿童的全面发展，是每一个教育者需要始终坚持并一以贯之的物型教育理念。

第三章 物型课程开发与实施的基本理念

当前，教育改革正从"内涵发展"所要求的"高质量""均衡发展"迈向"高质量""可选择""个性化"发展阶段，现代教育治理体系、未来学习方式正在发生深刻转型，物型课程的开发与实施正是在这样的背景下展开的一场教育供给侧的全新改革，是以人的现代化为核心的教育现代化背景下的知识和经验组织方式的全域转型。对教育实践而言，完整意义上的物型课程意味着全域学习生态系统的建立和教育行为方式的迭代变革。

第一节 物型课程开发与实践的价值坐标

物型课程的开发既不同于学科课程以学科为中心组织课程，也不同于综合实践活动以现实主题为核心组织"知识"与"经验"，而是紧紧围绕学习者能力素质发展、知识建构和意义生成，致力于为学习者主体性知识建构和意义生成提供一种真实的、丰富多元的、不断趋近完整的经验性框架。

一、整体育人：物型课程开发与实践的价值原点

对物型课程的开发与实践，首先要充分把握其课程属性和理论内涵。从课程归属来看，物型课程是在国家新课程秉持的"整体教育"观统领下的课程创新实践，其课程目标与国家新课程目标具有一致性：推进学生能力素质发展，使学生发展成为"整体的人"。"整体的人"意味着"人的存在的完整性和人的生成的完整性"[1]。从人的存在的完整性来看，要求教学摆脱学科中心、知识中心、人类中心的价值观和功利主义态度，引导学生在探寻个体、自然、社会的关系的基础上实现人与世界的和谐发展；从人的生成的完整性来看，要求教学摆脱工具化、单一化、阶段化的实践方式，"追求智力与人格的协调发展"[2]，物质与精神的内在统一。

中国传统哲学文化所追求的格物致知、天人合一是物型课程的理论渊源。格物致知是在人与物的对话中形成主体认知，天人合一是人与世界一体化关系的哲学表达，其本质即对话与共生。这种对话与共生同布贝尔教育哲学思想中所谓的"人—人关系"和三重人生——"与自然相关联的人生""与人相关联的人生"和"与精神实体相关联的人生"[3]有所关联又更进一步，可以阐释为与自然相关联的人生、与社会相关联的人生、与生命相关联的人生。

二、物—型—人：物型课程开发与实践的系统建构

在中国传统哲学文化与现代教育理念基础上，物型课程建构了自己的核心理念和实践系统，即为学习者提供全域学习生态系统支持，支持学习者进行全面自由的探索，实现自主自由的发展。物型课程开发和实施的实质就在于通过物型"五维"，

---

[1] 钟启泉. 课程的逻辑 [M]. 上海：华东师范大学出版社, 2008: 217.
[2] 钟启泉. 课程的逻辑 [M]. 上海：华东师范大学出版社, 2008: 219.
[3] 李燕. 关系·对话·共生：布贝尔道德教育思想主题探析 [J]. 湖南师范大学教育科学学报, 2011 (1): 93.

即"物道"(道德养成)、"物理"(学习能力)、"物情"(人格发展)、"物趣"(审美能力)、"物行"(劳动素养)五个具体方面,探究寻找人与自然、人与人、人与精神的共生方式与形态,从而最终实现课程的价值追求。从其哲学原点和理论建构出发,物型课程结构的课程关系指向物、型、人(学习者)的相互作用,其开发与实施建立在物、型、人的价值观的基础之上。

我们认为,在物型课程中,物、型、人三要素的关系是课程开发与建构的核心。其中,物是载体,型是着力点,人是中心。这里的物既指自然之物,亦指经过设计的"物";型则指对物的意义建构,包含主体对物的价值功能、文化意义与精神意蕴等的建构;人即学习者,既包括教师也包括学生。三者互相作用不可分割,学习者的能力素质发展既源于物、成于型,又在塑型、造物的过程中得到充分展现。

物型三要素关系图

物型是概念体系,是学校物质空间教育意蕴的总体设计和综合育人载体,其开发与实践具有极其丰富的内涵。一方面,基于自然的物与思想概念范畴的型的无限丰富性,理想的"物型"建构必然跳脱传统教材、文本、教室和观念的时空局限,在更广域的范畴中存在,课程亦由"为生活准备"转向"生活本身",由此具备了无限意义生成的可能。另一方面,从物型课程的产生逻辑来看,"物—型—人"的交互作用必然产生非目标性、不可预知的结果,因此,物型课程的开发与实施也必然是一个围绕学习者意义建构不断发展推进的动态的过程,一个师生在认知与改变客观世界的过程中追求意义和价值、获得自身解放与自由的过程。总体而言,物型课程是基于物质而又超越物质的课程形态,通过物质资源的系统建构和跨界综合的课程组织形态,支持学习者在不断超越中建构新的认知体系,在精神文化层面发现并实现"我"的本体价值与生命意义。

第二节　物型课程开发与实践的内涵定位

在进入物型课程的开发与实施之前，首先需要明确课程开发与实施的基本内涵与理路。

一、物型课程开发的基本内涵与理路

一般认为，课程开发（Curriculum Development）是指通过需求分析确定课程目标，再根据这一目标选择某一个学科（或多个学科）的教学内容，对相关教学活动进行计划、组织、实施、评价、修订，以最终达到课程目标的整个工作过程。物型课程以学习者能力素养提升为目标，以物质与空间系统支持为路径，以学习者意义建构为过程，其开发有机融合了泰勒目标模式和斯滕豪斯过程模式的元素，同时又具有自身的独特性。一方面从目标模式中吸纳了相对理性科学的成分，强调"目标""内容""组织"和"评价"的分析框架[1]体系的建构；另一方面将过程模式所界定的教师的身份是"和学生一起学习的学习者"、鼓励教师将对课程实践的反思批判和发挥创造等元素全线融入课程开发之中，使得课程开发成为一个具有明确价值目标、为学习者意义建构不断提供物质实体与精神空间支持、围绕物型"五维"内涵演绎深入推进、"没有终点"、螺旋上升的过程。

从课程定位来看，物型课程是新的知识生产方式、育人模式，是最接近集德智体美劳于一体的完备体系和综合概念，最能体现学校教育核心要素、学校建筑精神哲学与校本文化特色的课程形态。因此，物型课程的开发不是某一学科领域的课程

---

[1] Schubert W H. Curriculum：Perspective，Paradigm，and Possibility，1986：Chapter 8-11.

开发，也不等同于综合实践课程开发，而是在国家课程、地方课程、校本课程、学科课程、综合课程的已有基础上，围绕学校教育哲学与核心理念文化，对学校教育方式与形态进行全新体系建构。物型课程的开发须在全方位把握三级两类课程，凝练学校核心文化，综合教育学、建筑学、心理学、脑科学、政治学、哲学社会科学、文化学等多方面研究成果的基础上完成。

从开发理路来看，物型课程试图解构植根于经验主义、科技主义与实证主义的现代课程所强调的"行为目标""标准化测验""量化研究"及一切科技主义[1]，但这种解构并非是对"行为目标""标准化测验""量化研究"及科技主义的彻底否定，而是将其作为课程认知的基本元，在其基础上重新建构课程组织与实施方式。这种方式更多地关注"人"本身，更多地寻求解释、表现、理解与创造，开发的核心不在于生成"制度文本"、固化课程形态，而在于生成物、型、学习者三元素之间的意义关系，比如以物育人、格物致知、创物造型、天人合一等等，其关系是非线性、具有循环和螺旋上升特征的。物型课程的开发、实施与评价均建构在对三者关系认知的价值观基础之上。三元素的关系形态决定着课程的质量，在三者良性互动的课程关系中，课程以及三元素结构本身将呈现出一种自循环和螺旋式上升的发展态势，三元素的互动推动课程建构向更高维度发展，不断更新的课程建构反过来又进一步促成学习者意义建构的迭代更新。

从开发过程来看，完整的物型课程开发具有明显的从整体到局部再到整体的特征。其开发的核心在于建构整体育人的环境、资源支持系统以及系统运作方式，同时又呈现出适量的不确定性。在物型课程资源系统的支持以及学习者（即师生）的共同建构中，课程实现的具体方式呈现出综合与生成的多种可能。

物型课程开发的重点在于围绕儿童能力素质发展的"五维"（即道德养成、学习能力、人格发展、审美能力、劳动素养），对课程资源、课程组织形态和课程文化进行体系化建构。物型课程的开发对教师的物型课程建构能力提出了相当高的要

---

[1] 钟启泉.课程的逻辑[M].上海：华东师范大学出版社，2008：52.

求,在学校理念文化有效确立并能够通过环境与课程系统精准表达、教师对学生适当行为(这种行为包括学生的发展情况)的精准判断以及所匹配的有效物型系统的支持下,物型课程才有可能高质量推进,并使得学习者的素养能力得到更为适宜和深刻的发展。

二、物型课程实施的基本内涵与取向

在课程实施方面,目前有两种主流观点。一种观点认为,课程实施是将某项课程计划付诸实践的具体过程,课程计划与课程实施之间的关系是理想与现实、预期结果与实现结果的过程之间的关系[1]。对课程实施的关注重点就是考察课程方案中所设计内容的落实程度。这种观点将课程方案看作固定的、不可变更的,认为实施就是执行的过程。课程执行者对课程方案的理解水平和落实程度,直接影响着实施的效果。另一种观点认为,课程实施是作为一个动态的过程而存在的。课程实施是把一项课程改革付诸实践的过程,实施的焦点是"实践中发生改革的程度和影响改革程度的那些因素"[2]。因此,课程实施问题不应只关注和研究课程方案的落实程度,还要关注和研究学校和教师在执行具体课程的过程中是否按照实际的情况以及影响课程改革程度的因素对课程进行调适。

对课程实施的不同认识,导致了课程实施的策略选择、实施取向以及实施过程中问题解决方式的不同。持第一种观点的人往往是课程的忠实取向者,更倾向于以国家或地方为中心来推行改革,认为改革的过程即忠实地执行计划的过程;持第二种观点的人则强调在一个连续的、动态的实施过程中,将学校、教师、学生作为改革的主体,赋予其更多的自主权来实施变革。

而在这种"连续的、动态的实施过程"中,可能出现两种实施取向,一种是相

---

1 钟启泉.课程与教学论[M].上海:上海教育出版社,2000:331.
2 钟启泉.课程与教学论[M].上海:上海教育出版社,2000:331.

互适应取向,另一种是课程创生取向。前者认为,课程实施过程是课程计划与班级或学校实践情境在课程目标、内容、方法、组织模式诸方面相互调整、改变与适应的过程[1]。课程不仅包括体现在学程、教科书或变革方案中的有计划的具体内容,而且包括学校和社区中由各种情境因素构成的谱系,这些情境因素会改变课程变革方案。课程知识是广大的、复杂的社会系统中的一个方面,实践者(教师)所创造的课程知识与专家所创造的课程知识同等重要。后者认为,真正的课程是教师与学生联合创造的教育经验,课程实施本质上是在具体教育情境中创生新的教育经验的过程,既有的课程计划只是供这个经验创生过程选择的工具而已。因此,其研究和关注的主要问题是:第一,创生的经验是什么?教师与学生是如何创生这些经验的?怎样赋予教师和学生权力以创生这些经验?第二,课程资料、程序化教学策略、各级教育政策、学生和教师的性格特征等外部因素对创生的课程有怎样的影响?第三,实际创生的课程对学生有怎样的影响?[2] 创生取向的研究重心已完全转移到教育经验的实际创造过程中。课程知识不再是一件产品或一个实践,而是"一个不断前进的过程",课程知识成为一种"人格的建构",课程创生的过程即教师和学生持续成长的过程。

我们可以将课程实施的这些基础性观点作为理据来分析物型课程实施的基本内涵和取向。可以确定的是,物型课程实施是"一个连续的、动态的实施过程",在课程实施取向上更接近创生取向,但这些基本描述显然无法完全涵盖物型课程的内涵特质与实践取向。

从课程实施内涵来看,物型课程的基本定位是学校整体课程、综合课程,但并不排斥为实现特定教育目标而设置的局部课程形态,比如在学科教学或主题活动推进过程中嵌入物型课程因子以改进教育教学行为,从而更好地实现教育目标。因此,物型课程实施也部分地具有忠实取向的某些特征(忠实地落实国家、地方教学

---

1 钟启泉.课程与教学论[M].上海:上海教育出版社,2000:339.
2 钟启泉.课程与教学论[M].上海:上海教育出版社,2000:342.

计划），尤其是在忠实课程作为主流的教育场域，物型课程局部实施——这种实施主要指在学习方式上的变革——所带来的课程改良将为教育品质提升提供重要方法路径。

就物型课程的基本形态而言，我们把它界定为一种具有"超学科"特质的综合课程，物型课程实施过程是课程计划与班级或学校实践情境在课程目标、内容、方法、组织模式诸方面相互调整、改变与适应的过程，在关注课程计划的具体内容，关注学校和社区中各种情境因素构成的谱系之外，更关注学习者身心发展规律、学习特质与学习取向等直接影响物型课程教育目标达成的主体因素。同时，这个"连续的、动态的实施过程"并非线性的、单向的，而是教师与学生联合创造的经验，并通过课程资源的调整、跟进、完善，推动这种"经验"在更高意义层面进行新的建构。因此，它是"连续的、动态的、螺旋式上升的实施过程"，兼具相互适应取向、创生取向的部分特征，在课程实施取向上呈现为一种综合化的圆形结构。总体上以创生取向为主，同时具备忠实取向与相互适应取向的某些特征，根据课程实施需要以不同取向组合形式进行综合建构。

物型课程实施取向结构图

物型课程的实施需要关注和研究的主要问题在于：第一，物型课程实施的广度与深度，即是在学校全域范围内实施，还是作为学校课程的补充局部实施？第二，在全域实施、整体建构的方式下，学校的核心教育体系是什么？在局部实施的情况下，物型课程与学校课程、学科课程的关系是什么？第三，学校核心价值体系与师生发展的关系是什么？如何通过物型的方式实现？在学校课程、学科课程中如何实现物型课程的育人价值？第四，怎样赋予师生权力以推动物型课程进入螺旋化上升的系统建构？

第三节　物型课程开发与实施的本质特征

物型课程强调"课程是实践""生活即课程"。课程不是被传递的教材或课表，不是理所当然的命令与教条，而是需要体验、感悟、反思、创造的可能。物型课程的基本属性决定了尽管它有可能在传统学校局部实施，但它只能作为一种嵌入学科课程的因子，对学校课程起到有限的改良作用，基于对物型学习理念与内涵的系统认知而进行的整体化构建与系统化实施才是物型课程发展的本义和方向。

一、课程资源建设：从单一空间结构转向全域学习空间再造

全域学习空间是物型课程开发与实施的核心特征。在全域物型空间里，课程资源从单一维度的学习空间或文本方式转化为多元生活场景，以系统的方式支持儿童实现更加自由的在场学习、在场探究、在场创作。课程意志转化为对美学空间、场景变换、物型要素的价值开发与设定，以及对学习者在学习空间与方式上自由选择的充分赋权。

2020 年，世界经济论坛提出了"教育 4.0 全球框架"，对高质量的学习进行了重新定义，呼吁全球教育实现学习内容和学习体验的八个关键转变，必须培养学生"以人为本的技能"，并提出创新学习的五种关键方法：游戏化、体验式、与计算机相关、具身化、多元化。物型课程的本质是更新学习的操作系统和操作方式，使教育从直接施加意志的方式转向建构全域学习空间，通过全域空间的改造升级，实现课程资源组织与呈现方式的整体变革，为学习者营造能够被充分赋权的新型学习场域，使学习者从被动学习转向主动学习，从而实现真正意义上的高质量学习。物型

课程开发与实施的核心本质是把学习者放在教育的核心，通过对人的自由全面发展需求的研究与把握，运用系统资源去解决人的问题，从而使所有空间和场景都具有"主动育人"的功能，所有学习者都获得自主选择学习过程和方式的权利。

二、学习方式转型：从知识供给转向在场学习支持

支持在场学习探究是物型课程开发与实施的显著特征。物型课程在开发过程中尤其注重创设让学习真实发生的场域，强调重构学习空间、重建学习场域，通过具身浸润、问题驱动、情境体验实现有效学习。作为一种超越学科的课程形态，物型课程主张学习者从一个真实世界的议题开启学习历程，而非以学科作为起点。比如，学生们可能会希望从多个学科的视角，探索所在城市环境问题的最佳解决方案。作为"超学科"式的课程，物型课程的目的是让学生形成意义建构的价值取向与实践能力，将学到的知识运用到生活中，引导学习者从单一的概念学习拓展为从生活中学习，获得在真实世界中综合应用知识解决问题的能力，从而更好地生活，并在这个过程中达成意义建构、形成价值立场、完善道德认知。

"物型"是一种接近"超学科"的全新的学习方式，这种方式打破了知识的"霸权性"，通过空间场域和学习系统精准的物化支持实现教育者"化万物以育人"的教育理想，还原学习真实发生的逻辑。对学习者而言，这样的学习方式是学习者主体被真正赋权并在场的过程，"使学生对物质世界、生活空间的个体理解、想象和创造得到确认"；这种学习源于并能够激发学生内在的兴趣与热爱，以深刻的方式改变着他们超越智力之外的东西，进而影响到学生的整个生命。

三、课程组织形态：从"双主体"教学转向共同体发展

物型课程所代表的课程形态不是固定的、物化的、静态的知识文本，而是在教

育情境和真实场域中由师生共同创生的一系列"事件"[1]和由此形成的对外在世界的作用与改变，对师生而言是开放的、动态的、丰富的、不断生成的生命体验。

"天人合一"是物型的基本哲学。在物型视域下，学习者与教育者以及学习者与外部世界之间的关系是发展共同体，世界在课程中圆融为一个意义整体；教育便是通过人与万物的对话，形成个体对世界的完整性认知，从而实现哲学意义上的"人的完整性存在"。

物型课程通过"物""型""人"三要素建构尝试突破师生"双主体"的教学理念与实践模式，在开发与实施过程中强调"物"与"人"的课程协同，通过"万物"资源整合与功能开发，围绕学习者意义建构发展需要，不断生成人与万物资源系统相协调的多元学习群落，围绕教育目标达成、教育议题推演，不断革新课程组织形态，以课程方式的变革支持学习者深度学习和创新发展的内在需要。

---

1 钟启泉.课程的逻辑[M].上海：华东师范大学出版社，2008：141.

第四章　物型课程开发与实施的实践逻辑

从"教育"的词源看,我国"教育"一词源于孟子的"得天下英才而教育之",强调教育的对象,西方"教育"一词的来源是拉丁语"educare",意思是"引出",强调教育的方法[1]。物型课程通过对教育本源的追溯提出围绕教育目标实现、结合学生发展水平和个性特征提供学生自身以外的物质和精神文化资源支持,为学习者能力素养提供"发育孵化"的母体环境,并通过课程的方式"引出"学习者的主体发展。

物型课程的开发是对物型课程本身从设计到实施的整个过程进行整体规划,开发与实施全过程注重以物育人、文化传承等多方面的价值功能。物型课程的开发与实施可以从课程资源、课程组织、课程文化三个模块来理解。其中,课程资源是基础,课程组织是核心,课程文化是顶层设计,也是课程的深层变革,三者共同形成物型课程开发与实施的基本逻辑。对教育实践而言,物型课程具有共同的价值目标和表现形态,一般遵循从

物型课程开发与实施体系简图

---

[1] 王美君.中西方教育的差异——从词源学视角进行的分析[J].中国石油大学胜利学院学报,2012（2）:65.

顶层设计到课程资源再到课程组织实施的基本路径，但也不排除从资源体系建构或课程组织模块进入的可能性。同时，物型课程的建构具有非常明显的动态特征。

"物型课程开发与实施体系简图"用平面的形式静态呈现了物型课程开发与实施的基本元素结构体系。课程塑型本身是一个动态的内循环过程，课程资源和课程塑型构成了物型学习系统。加入时间轴后，三个模块构成的物型课程开发与实施就呈现出一种螺旋上升的发展形态。

从学校层面来看，物型课程的开发与实施必须与学校价值理念、文化取向、资源特征、治理内涵、师生发展做深度融合，物型课程的开发与实施基本也遵循这样的逻辑路线，但并不排除从其他模块进入课程的可能性，这在物型课程项目学校实践中已经得到了充分验证。比如，张家港市实验小学从"教育的空间诗学"视角（顶层设计）切入形成了能够自我创生的属于儿童世界的"生长的花园"物型课程体系；昆山市娄江实验学校从场馆建构（课程资源）开始建构了"一带一路一中心"的物型系统课程；南通市通州区实验小学从一所园子的课程意象和课程实践（课程组织）入手，形塑了"蕊春"物型课程；南京市金陵中学河西分校在对学校空间的重新定义与价值考量（学习系统）中建构了物型"看得见的育人模式"……尽管物型学校课程开发建构的起点不一，但在实施推进的过程中，都自然而然地进入物型课程三模块螺旋系统之中，体现出物型系统资源建构和开发与课程设计、实施相耦合，三个模块相互驱动、螺旋进阶的发展特征——文化塑型作为顶层设计引领课程不断进入物型新境界，课程资源建设与功能开发为物型课程提供源源不断的物质支持，课程塑型则通过建构与完善物型课程实施逻辑系统为课程持续进阶提供智力支持。后二者合力推进不断建构面向生活世界、促进儿童全面发展的完整学习系统，在推动课程文化塑型的过程中建构"物型"全过程驱动育人价值实现的动态系统模式。

第一节　物型文化顶层设计和系统开发

文化的经典概念是由19世纪的人文学家E.B.泰勒提出的。他认为，文化是"包括知识、信仰、艺术、各种道德、法律、习惯以及作为社会成员的人所需要的其他能力在内的一个复杂的整体"（泰勒，1871）。马克思实践哲学认为，文化的本质是人的自我生命存在内容及其实践活动，是"自然的人化"[1]。

"物型"育人是未来学校的灵魂。物型文化主要探究的是物型学校发展的核心价值体系和表达体系。

马斌在《物型课程的文化创新》系列文章中将物型文化分为地表文化、空间文化、学科文化和格物文化四个维度，并进行了系统建构：地表文化存在于校园地面表层，是被赋予课程意义、教育文化的课程资源，追求天人合一的境界；空间文化指校园建筑空间和立面上的教育文化资源的总和，目的在于扩大学生认知维度，实现知行合一；学科文化是围绕学生学科学习进行的文化内涵的开发和呈现，以学科文化魅力吸引学生自主学习、深度学习；格物文化是探究事物道理、改进人的行为的文化方式，通过感悟生发器物精神，实现物我合一。[2]我们在此基础上，结合物型学校探索实践，将物型文化进一步提炼概括为紧密关联的三个层面：物质层面、课程层面和精神层面，即物质文化、课程文化和精神文化。无论从哪个层面来看，物型文化都具有社会性群体性特征，是相关者共有的对世界的认识、价值观和信仰及其表达。其中的相关者既指学生之间，也指师生之间、师生与物型课程相关的其他人员之间。

1　马克思.1844经济学哲学手稿［M］.北京：人民出版社，2000.
2　马斌.物型课程：化万物以育人［J］.人民教育，2019（9）：54-59.

一、物质文化

物质文化是人类创造的一种物质产品，也是人类对物质世界的文化创造。物型视域下的物质文化主要包含建筑文化、器物文化、空间文化三个维度。

（一）建筑文化：在"自然的得体"中形塑精神伦理

梁思成说："建筑是历史的载体，建筑文化是历史文化的重要组成部分，它寄托着人类对自身历史的追忆和感情。"建筑本身就是历史文化的一部分，它于无声中传递着人类的历史文化。同时，建筑也被作为表达理念与文化的一种方式。

我们可以从伦理和价值维度来理解物型课程体系中的建筑文化。

首先是伦理层面。伦理是指人们处理相互关系时所遵循的行为准则。海德格尔在《关于人道主义的书信》中，根据对希腊语中"ethos"一词的理解与考据，将"伦理"理解为人的"居留、居住之所"[1]。这里，人的"居留、居住之所"更多地应该指向对人的生命功能和意涵的理解与满足，这种理解与满足既有物质层面的，也有精神文化层面的。美国哲学家卡斯腾·哈里斯在《建筑的伦理功能》一书中提到："'伦理的'（ethical）一词据我的理解与希腊语'ethos'（精神特质）更加相关。"[2]因此，建筑伦理即符合人的道德文化需求和精神特质的建筑表达。物型课程追求天人合一的教育理念，其建筑设计必然与自然和环境相融合，达到"自然的得体"——一方面对环境的破坏最小，一方面尽力保障建筑中人的身心愉悦与健康，体现出对人的尊重以及对人性需求的充分考量和满足。同时，物型课程尊重历史文化记忆，并强调通过对优秀传统文化的吸纳转化创生形成新时代的儿童气象，因此，其建筑还要做到"传统的得体"，实现建筑与历史文化表达的和谐，尤其注重在传承文脉时内涵"合宜的美德"，强调建筑表达的纯粹与真实，反映教育者对儿

---

[1] 贾文钊，沈秀梅.建筑美学的伦理内涵[J].建筑与文化，2020（4）：52.
[2] 贾文钊，沈秀梅.建筑美学的伦理内涵[J].建筑与文化，2020（4）：52.

童身心发展规律和需求的真正观照，使中道和谐、礼乐之美与儿童探究创造、能力素养发展相得益彰。

始建于 1884 年的镇江崇实女子中学在物型文化开发过程中，以整个校园复活了校史记忆，形成独特的"楼文化"。学校以 5 栋中西合璧的百年建筑为文化根基，沿袭其风格修建了"民国建筑群"，与不远处的"西津渡"遥相呼应，两相风景如画，处处沁人心脾。文史楼里设有"赛珍珠纪念馆"，赛珍珠的人文关爱精神成为女中学生精神成长的基石。建在学校教学楼前的"奥莉薇特亭"向师生们讲述着这样一个故事：1921 年，美国奥莉薇特女士捐款资助学校扩建校舍，时任校长的美籍传教士盖梅月（Mary G. Kesler）遂刻"OLIVET MEMORIAL 1921"铭文于汉白玉大理石上，以示纪念。每当学生在亭内读书时，饮水思源，便会被这份大爱情怀所感动，感受到爱，并将这份爱传承下去。

镇江崇实女子中学历史印记

镇江崇实女子中学 人文之桥——赛珍珠

常州市新北区春江中心小学在校园建筑设施设计开发时，注重为课程创新服务，为学生多样化学习创设丰富的学习环境，让学习随时发生。比如，"非遗馆"和"地球村"两大特色场馆中的一切资源建设和活动设计都以学生为中心，设置了学习空间、操作空间、探究场域，两大场馆全天候开放，提供多种活动课程，成为孩子快乐游戏的智慧迷宫、生活体验的实景社区。学校教学楼的主题文化长廊分为四层，分别是：一楼"崇文馆"，关照儿童"阅读与表达"，意在"沐浴国学经典，培植中国情怀"；二楼"尚德轩"，关照儿童"品德与生活"，意在"把握时代脉搏，练就世界眼光"；三楼"辨理台"，关照儿童"思维与探究"，意在"形成创造思维，发现科学乐趣"；四楼"乐美亭"，关照儿童"艺术与审美"，意在"让每一个学生尽展才能，让每一个生命享受美好"。日本建筑大师安藤忠雄说："能不能让人心里滋长出某种感情，才是我评判建筑的标准。"这种感情产生于教育者，同时也产生于学习者。通过对校园建筑文化的系统开发和品质设计，建筑内蕴了"教育人"的情感与价值，充满尊重、爱与信任的教育才会真正浸润到儿童生命的每一个角落。

其次是价值层面。可以从理念价值和实用价值两个方面展开探讨。

第一，理念价值。几何空间和形式秩序不过是建筑所表达的"理念的句子"。这样的例子早在公元前4世纪的政治建筑中就已经出现了。那个时期的古希腊，政治是在公开场合进行的，雅典人通常在雅典卫城西面的普尼克斯山半圆形的山坡上集会。这样的政治形态也反映在普尼克斯山的建筑上。普尼克斯山被设计成一个半圆形的砖石建筑，在半圆形的中心地带，矗立了一块立方体的岩石……它的形状确保了每一个参加者不仅能看到发言的人，也可以看到其他出席的人。[1]

物型课程建筑文化的理念价值是物型学校教育理念在建筑中的显性体现。物型课程倡导外在环境与内在价值的统一性，有什么样的教育理念就有什么样的建筑群落，有什么样的建筑群落就呈现了怎样的教育理念。要理解学校建筑与教育内在的深刻联系，我们可以从孙其华的观点中得到启示："从教育学立场观照学校建筑设施和环境，物型课程是集教育、历史、文化、建筑为一体的综合命名。""学校建筑的设计离不开某种特定的教育哲学，教育哲学和学习理论对学校建筑的最终设计具有重要启示。""我们探讨'什么样的学校建筑'，归根结底是在追求'我们需要什么样的教育'。"建筑的整体与细节彰显的是人的价值取向。在物型视域下，学校建筑是教育价值信仰、精神文化的载体，是学校教育观、儿童观、文化观的形象观照。比如，张家港实验小学将学校"百草园"做了荒原般的哲学隐喻，"无序之序"呈

---

[1] 萨迪奇，琼斯. 建筑与民主[M]. 上海：上海人民出版社，2006.

现出对"自然的儿童""真实的世界"的珍爱与教育尺度，自然空间与人文空间在哲学与精神层面的内在和谐与深度建构表露出教育者对儿童的尊重、接纳、喜悦与包容的伦理价值导向。而只有进行了建筑伦理观照的学校建筑才会在视觉空间和审美上给人带来愉悦与舒适，产生真正的美感。

第二，实用价值，即建筑的功能价值。罗斯金在《威尼斯之石》中提出了建筑的三项"美德"，第一项就是"用起来好"[1]。对物型建筑而言，这种用起来好，不仅仅指生活功能上的，也指教育功能上的，物型建筑的实用价值是能够为实现教育目标而进行功能演绎。比如说，要能够创造多样化的教育情境，要能够激发儿童探究的欲望并为儿童探究提供便利，要有儿童进行自我建构和公共建构的不同空间区域。有些学校会在建筑中采用"镜子魔术"，激发学生探究光线的科学奥秘的兴趣；会将阅读空间贯穿整个建筑，以观照学生真实的阅读需求；会为学生提供合宜的私人空间，以尊重他作为一个独立主体对于物理空间和情感空间的内在需要；会在墙壁或廊道设置历史文化展示、诗文互动等区域，以引导学生产生文化认同与文化创造。

（二）器物文化：在有形的记忆中传承价值尺度

器物文化是指器物（包含器与物，即人造之物与自然之物）所承载的知识体系、表达方式体系、价值体系和世界观体系。器物只有在文化的母体里才有更为恒久而深刻的教育价值。

第一，内化伦理道德。正如宋代理学家程颢所说："天下无一物无礼乐。"礼在传统文化中既有外在行为规范、制度规范、道德规范之义，又具有内在伦理自觉之义。"不学礼，无以立。""器物精神"是物型课程文化的起点和重要内涵，其内核是道德伦理的体系建构与伦理规范的自觉形成，即通过文化塑型的方式改变道德伦理价值观单向式、强硬式、灌输式的教育方式，使得道德伦理教育目标内化为学习者

---

1 贾文钊，沈秀梅. 建筑美学的伦理内涵［J］. 建筑与文化，2020（4）：53.

的生命自觉与行动自觉。

南京市金陵中学河西分校从2015年起陆续建成"西河雅集"和"书画长廊"。西河雅集里静卧的雨花石洋溢着热爱生活的情趣，彰显着洒脱的生活态度。书画长廊里曾先后举办魏海默作品展、九三学社名家作品展、"春节·印象"主题摄影展、岳燕宁老校长书画作品展、阎硕老师书法作品展、赵彦国先生"素心及物"书法作品展、明清历代状元书法展等多次展览。物型艺术成了学生们一种不可或缺的生活方式。"日有所思经史如语，久于其道金石为开"，书法展所体现的前人的治学态度和处世法则等，也自然地内化为学生们的道德标准与行为准则。

第二，生成精神谱系。一种物型文化，一种精神人格。物型课程通过建构物型、感受物型、激活物型、创生物型，使儿童在动手实践和探究中通过与教师的互动、自主建构形成自己的知识系统和价值意义系统。师生共建的精神谱系是物型器物文化的典型呈现。

2018年，金陵中学河西分校小学部新教学楼落成时，学校在教学楼的墙上挂起了一把尺子。这把尺子引起了关于教育的讨论，最终大家达成共识：自由与规则并不矛盾。懂得敬畏，尊重规则，是通往自由的必经之路。于是有了墙面上的一段文字：

"天命之谓性，率性之谓道，修道之谓教。此《中庸》之训也。盖人之天性，莹洁如玉，其弊也，易蒙世之尘埃，不脱俗谛之桎梏，故读书治学，当拂其尘，解其梏，俾天性解放，然后方可以自由之精神，舒展之意态，步履从容，率性高蹈，达于成长，而至能自树立。"

——《尺壁赋》

一把尺子所建构的精神坐标使这里成为一面和孩子们对话的墙壁，在这样的文化体系熏陶中，学生心存敬畏，涵养德性，成为全面发展的人。

（三）空间文化：在赋权与审美中实现全域关照

空间文化是指整个校园空间的生态建构、美学观照、价值尺度等。教学空间观正从主客体分离走向主客体统一。物型空间文化提倡核心理念下的系统化建构，正如孙其华所言，整个学校就是一本打开的物型课程。学校的空间开发与变革，其目的在于建构与物型课程改革相匹配的知识观、权力观、身体观、生命观。物型空间文化的开发，是对空间中学习者主体性存在和发展需要的全域关照与支持，以服务学生学习过程为导向，具有以下三个方面的特点：

一是审美性。空间的美学表达是物型课程文化的基本属性。建筑与空间美学传递出对学习者精神和情感需求的深度观照。学校物质环境与精神气场的内在和谐是学校审美空间的高阶境界。物型学校的空间建构一定不是浅表化、格式化、碎片化和异化的审美结构，这样的审美结构缺乏价值的根基、文化的流动、审美的追求、儿童的立场，只会导致审美的疲劳和内在精神气质的消解。物型空间审美超越了形式上的审美愉悦，而更为关注教育理念的审美化表达以及儿童在场学习的精神愉悦和丰富的美学体验。在注重发展复杂问题处理能力的空间表达中，往往采用多功能复合空间形态，以路径走向的相对固定隐含秩序性和方向性；在倡导儿童中心、自由教育理念的空间设计中，更多采用亲自然、去中心、弱边界、无指向的表达，以避免固定形态对智力发展的约束。

二是适合性。英国一项研究表明，教室的灯光、温度、声音、布局和颜色等物理元素与学生成绩的相关性高达73%[1]。因此，物型学校的空间一定是适合学生身心特点和审美需求的，适合学生学习与生活的，既有共用空间、分享空间，也有独立空间、私人空间，使学生获得归属感和成就感，让空间文化所传递的尊重与温暖深深植入他们的记忆空间和心灵空间。

三是创生性。传统的学校空间形状和功能是相对固定的。无差异化的教室空间与物型文化核心价值相背离。物型学校空间是灵动多元、富于变化的，而且其结构

1　鲁兴树. 未来学校的空间想象［N］. 中国教育报，2020-05-13（5）.

大多是半固定、柔性的，可以灵活组合，具有复合型和可变性。比如，班级教室之间从分隔独立到可分可合，并形成过渡性的交互空间；教室与走廊、实验室融为一体；图书空间嵌入校园；教育空间向校外、网络拓展……学校建构的空间系统及其元素在很大程度上只是学习的一个支点，通过这个支点可以链接、撬动、激活更多虚拟时空信息，以时空交叠的方式产生出无限的空间可能，为学习创生无比丰富的支持系统。

阜宁师范学校附属小学 STEAM+ 动漫与科艺大厅

二、课程文化

"课程不是自然的事物而是文化性的。"[1] 派纳的这句话，或许可以理解成这样一个论断："课程"原本就是基于教育过程的一种"文化创造"。

"课程"是教育者和受教育者之间所生成的有意识的文化活动。在这种文化活动过程中，一方面，作为学习者个体，无论在精神上、人格上、文化上都通过经验的积累而获得身心的发展；另一方面，"文化"也借助每一个共同体成员而得到接纳、传递和创造。因此，课程文化必然是参与者或相关者共同建构的过程，公共建构是物型课程文化的重要内涵。此外，由于物型课程以学习者的能力素质发展为目标，以大综合为课程属性，故而其文化又具有儿童中心、学科综合的特质。

从物型课程文化建构的维度来看，物型课程通过建构以"物"为依托，赋予"物"文化意向和教育意蕴的课程文化，实现课程文化形态的迭代更新。在开发实践过程中，重在建构儿童发展本位、全域系统开发、学科综合支持、公共建构推进的系统模型。

---

1 派纳，雷诺兹，斯莱特里，等. 理解课程 [M]. 张华，等译. 北京：教育科学出版社，2003：885.

由于物型课程中学科整合、个体建构与公共建构的关系完全以学习者意义发现和建构为中心组织,而学习者本身的学习诉求、学习能力、学习方式又并非固定化、同一性的,因此,三者之间的关系并非绝对是"稳态"的,而多以"暂态"的方式存在,即依据学习者个体特征、学习资源建构可能性实现与学习者发展需求相匹配的学科综合、个体建构与公共建构方式。这种方式在不同文化、不同地域、不同学校、不同群体中以不同的形态存在。

例如,昆山市娄江实验学校通过不断增加校园建设中的课程价值和审美趣味,构筑向学的立体校园和知识空间,使之成为人与物、人与人之间对话交流的丰厚土壤。将课标、教材、教学融为一体,将知识、能力、价值融为一体,将学科课程、研究性学习、社会实践活动融为一体;将自主、探究、合作、展示融为一体,尽一切可能多样化地建设主题场馆,使之成为儿童的学习工场。

昆山市娄江实验学校"学中做,做中学"

又如常州市武进区星河实验小学,教师通过调查"在哪里读书让你觉得最舒服?"发现孩子们在私密空间里、有关系亲密之人陪伴的阅读最舒服,于是用书架和小矮柜为孩子们搭建了一个三面环书的阅读小空间,地上铺着垫子、放着抱枕,结果这个小书屋成了教室里"安静的花园",连最调皮的孩子来了也会安静地读书;在"FSC课程"中,教师则基于儿童的发现或问题,带领学生走出课堂、走出校园,走进超市、商场、规划馆、农场,去实地体验,获得小公民成长的力量。

常州市武进区星河实验小学 FSC 活动

物型课程改变了课程组织的实施形式，根据儿童个体建构与发展需要，密切关注个体以及公共建构契机，探究促进儿童发展的个体和公共建构形态，并将校内外教师及家长资源、社会组织，乃至基于网络空间的社会资源统统纳入公共建构体系。由此，学习者个体建构通过课程主导的公共建构体系支持得到更大化的实现，公共建构则在更丰富的个体建构基础上进一步扩充体系内涵，从而实现更广域的课程文化创生与跃迁。

三、精神文化

精神文化主要体现在科学知识和技术、价值规范和艺术等文化形式上。核心价值观念及其规范体系是精神文化的灵魂，而精神文化则是组织或社会文化的灵魂。文化理解与文化认同，是学生真正获得文化的精神实质并进入文化过程的根本方式，获得文化同一性是文化理解的基本标准。在物型视域下，精神文化的同一性在于学校文化价值体系与学生发展规律、发展需要的同一性，学生精神成长与母体文化（包含中国特色社会主义核心价值观、中华优秀传统文化、地方文化）的同一性。在开发实践过程中，可以从以下方面展开：

（一）在浸润与创新中传承经典文化

庄子云："天地有大美而不言，四时有明法而不议，万物有成理而不说。"[1]物物相生、物物相连在中国有着深远而博大的文化基础。厚德载物、格物致知、天人合一、和而不同等是物型课程理论的逻辑原点和实践的行动起点。经典文化以场景再现、情境模拟、主题建构、活动体验、艺术创造等方式呈现。

如全国第一所公立小学——如皋师范学校附属小学，门前有悠悠泮池（古城池，距今约1500年）水，园内有巍巍大成殿（明代学宫，距今约500年），学宫前

1　冯学成.禅说庄子·知北游[M].北京：东方出版社，2013.

有论语广场,旁有历代书法碑廊。大成殿雕梁画栋、屋檐巍峨,殿内孔圣人塑像端庄厚重,列贤分呈于四壁;殿外青石月台,赑屃分列。论语广场石刻精妙,南北"仁义礼智信"、东西"六艺"的汉白玉大石雕典雅华贵,《论语》名句石刻掩映草坪之中。这些传神情境为经典文化赋型。在此基础上,学校开发了"晨钟暮鼓""大成礼仪"等相关课程。每天清晨,由一个班学生在大成殿前诵诗迎接师生入校,诵诗的孩子精心准备、深情投入,进校的孩子放慢脚步、尽情欣赏;每天傍晚,大成乐团鼓乐齐鸣,师生在恢宏的国乐声中离开校园。晨钟暮鼓,诗乐礼仪,成为孩子们的一种美好的仪式与向往。泮水池边"汲水、洒水、学水",成十岁礼,懂父母恩;大成殿下描摹龙凤彩绘,知图案意蕴,得古法精髓。经典文化因子由此和孩子的生命水乳交融。更有学生日日观大成殿,竟根据瓦楞式屋檐,发明了"瓦楞式不积水雨衣"并获国家专利。学校将发明过程编写成一本口袋书,激发更多的同学投入发明创造之中,之后又有 6 名学生获国家专利。就像故宫文化在当代复活,校园里的经典文化也在孩子的生命中复活。

又如徐州市青年路小学与江苏省梆子剧院有限公司合作,引入国家级非物质文化遗产徐州梆子。筹建青晓少儿戏曲体验馆,每周一台戏曲课,每月一场名家讲座,每年一台戏曲演出,使本土民间艺术在学生和家长心中生根发芽。江苏省梆子剧院定期为孩子们带来徐州梆子戏演出,戏剧情节指向不同的价值领域。同时,对地方戏剧进行创造性转化和创新型发展,结合儿童生活引进各种议题,如环境教育、生命教育、品德教育等,从历史故事、真实事件、学生日常生活中取材,用创造性戏剧的方式建构短剧,由孩子们进行角色扮演,使孩子们获得道德情感与认知体验。日常教学中也融入

徐州市青年路小学徐州梆子系列活动

了戏曲教学因子，语文课说戏曲、美术课画戏曲、体育课展戏曲、音乐课唱戏曲，为"戏曲进校园"活动提供了多样的途径，戏曲元素由此成为经典文化教育中富有生命力的活的基因。

（二）在体悟与探究中根植中国精神

习近平总书记指出，中国精神"就是以爱国主义为核心的民族精神，以改革创新为核心的时代精神"[1]。如何使儿童精神与总书记提出的中国精神形成内在的同一性，是物型文化建设要回答的基本问题之一。

我们认为，教育是基于物质、超越物质的人的精神与灵魂的再造。作为培养人的活动，教育必然根植于特定的文化背景、文化传统、文化精神和文化价值观之中。物型课程就是要通过"人化的自然"显性地呈现这些精神文化与价值观的教育意蕴与价值。陶行知说："要把教育和知识变成空气一样，弥漫于宇宙，洗荡于乾坤，普及众生，人人有得呼吸。"[2] 其理念正与物型课程的教育文化相契合。

如淮安市周恩来红军小学整合红色文化资源，建设校内物型场馆空间和校外物型课程基地，实现育人功能的效益最大化、品牌化。学校建有"八园"，包括恩来园、长征园、国防园等红色教育资源。恩来园以周周恩来雕像为中心，形似"周"字，有回廊、纪念亭、功绩墙，这里是周恩来美好人格的缩影，周恩来的风范润物于无形。长征园弘扬红军精神之美。长征园里，设有飞夺泸定桥、四渡赤水、穿越封锁线、遵义会议等微缩景观，孩子们参与爬铁索、"四渡赤水"、穿越封锁线的游

淮安市周恩来红军小学长征园弘扬红军精神之美

---

1 习近平. 在第十二届全国人民代表大会第一次会议上的讲话 [M] // 中共中央文献研究室. 十八大以来重要文献选编：上. 北京：中央文献出版社，2014：235.
2 马斌. 物型课程：化万物以育人 [J]. 人民教育，2019（9）：59.

戏，红军不怕困难、勇往直前、百折不挠的精神在游戏中得到完美诠释。校园里红色印迹无所不在，中心广场设置红军长征会师塔、红军娃剧场、"周爷爷、邓奶奶和我们在一起"主题塑像群、周恩来事迹浮雕群、红军长征会师墙、长征五号捆绑式火箭模型等十多处文化雕塑，三处艺术长廊贯穿校园。校外基地则形式多样，有周恩来故居、周恩来纪念馆等当地革命传统教育资源的本土基地，有与清华大学、天安门广场国旗护卫队、"雪龙号"南极科考队等联谊形成的共建基地，有与澳大利亚 BM 小学、美国 PK 小学等友好学校联合建成的远程基地。

在红色文化熏陶下，红色精神传承成了孩子们的自觉追求。中共一大会址、刘老庄八十二烈士纪念馆、新四军纪念馆等都留下了孩子们寻访的足迹；中央电视台演播厅、国家大剧院、澳大利亚悉尼歌剧院里也响起了孩子们稚嫩的童声。"红军娃重走长征路""我们的课堂在长征路上""沿着党的足迹前进""寻访抗战足迹"等活动课程被中央电视台等数十家中外媒体多次报道。

（三）在对话与溯源中形塑学校文化

学校文化之根首先是一种价值观的选择，即对学校所面临的多重文化价值观进行澄清与重构，在社会主义核心价值观体系下建构富有个性魅力的校本价值体系。物型课程在重塑多种对话关系中，助力基地学校形成富有个性的学校文化。传统教学强调师生对话、文本对话，而在"物型"实践中，由"物"构"型"教育方式的加入，建构了新型的教育教学关系，"物"与"型"的多样性、丰富性为富有个性的学校物型文化建设提供了无比广阔的空间。目前，已有物型课程项目学校 63 所，"蕊春文化""农耕文化""德善文化""书院文化""博物文化""完美教室"等各类学校文化交相辉映，初步形成了"物型"灿烂的文化气象。

如苏州市平江实验学校坐落于数百年文脉传承之地——苏州古代三大学宫之长洲县学所在地，校园内浸润千年吴文化的大成殿，不仅是学校的历史古建，更是平江人的精神脊梁。学校从"德润文光"百年校训的核心理念出发，重塑长洲县学遗址,再现文化传承,提炼精神坐标,以道(志向)、德(行为)、仁(思想)、艺(修养)为四大支柱,以立德树人(明德润身)、课程教学改革(学思结合)、教师队伍建设(博学笃行)、评价系统构建(知情意行)、校园环境优化(天人合

苏州市平江实验学校巍巍大成殿

一)、文化符号设计(融古贯今)为六大工程,体现学校文化的创造性转化、创新性发展,实现"价值思考—实践设计—智慧行动"的螺旋式发展过程。

又如常州市武进区星河实验小学则建构了创想城"第四个苹果"的意象。第一个苹果击中了人类最具智慧的头颅,让牛顿发现了万有引力;第二个苹果握在乔布斯手中,给人们开启了一个全新的感知世界;第三个苹果,则是拥有五角星的苹果,创造力来源于打破常规的思维方式;第四个苹果就是"星河的苹果",一个拥有着独立个性、大胆创想、独特创造、放眼未来的创想苹果。星河创想文化丛林的建构,即护根(教育哲学之根)、固本(思想理念之本)、立魂(文化体系之魂)、丰枝(创想课程之枝)到结果(儿童成长之果),顺应儿童的成长规律与特性,深入关注儿童的认识与理解,回归朴素真实的文化成分,努力为学生的创想力培养提供最佳的场所与境遇,构建好玩的创想课程、创造好玩的课堂、创生好玩的生活。

常州市武进区星河实验小学数字厨房

在美国社会学家塔尔科特·帕森斯看来,文化具有三种属性:"首先,文化是可以传递的,它构成一种遗传物或一种社会传统;第二,文化是可以习得的,它并非人类遗传构成的特殊形式的表现;第三,文化是可以共同享有的。"当我们从文化角度来探讨物型课程时,可以认为教育的存在是为了给人们打开通往自身群体之

外的文化群体之路。因此,物型课程物质文化、课程文化和精神文化群落的建构具有相当重要的实践意义,这样的群体不断形成、分解、交融、演绎、生成,其一致性被多义性、交互性与生成性取代,同时又在社会主义核心价值观的最高维度达到内在统一,由此为实现立德树人根本任务生成丰富厚重的物型文化生态支持系统。

第二节　全域课程资源建构和功能开发

课程资源建设是物型课程开发与实践的基础性工程。

物型课程认为,课程资源是课程设计、实施和评价等在整个课程编制过程中可资利用的一切人力、物力以及自然资源的总和,它具有多样性、潜在性、具体性和多质性的特点。新一轮课程改革将课程资源的内涵延伸到各个领域,涵盖场地、设备、设施等"物"的各个方面,并拓展到"人",包括教师、学生、家长和社会人士,内容则延伸到课程的设计、实施等。物型课程资源与之一脉相通,从物质资源来看,包括校园环境设施、场馆教室空间、文本教具设备等;从人力资源来看,包括学生资源、教师资源、家长资源、社会资源等。物型课程将这些在传统课程中散点式存在的资源纳入物型综合建构体系,以物型育人理念对资源进行系统化赋能,激活教育资源的功能价值,为学校全面育人提供全域支撑。

物型协同教育资源模型

从物型学习理念来看,在物型课程这样一种独特的课程形态里,"知识不再作为永恒的真理接受膜拜,而是作为探究的资本和创生意义的材料接受质疑和拷问"[1]，教师、学生、环境等资源系统共同构成一个不可分割的整体。探究、协同、互动与创生是其基本特质，师生通过充分运用物质和社会资源，建构多元共同体形态，在客观世界中发现并不断建构知识和意义的过程构成了课程。因此，在物型课程资源建构和功能开发中有一个形象的说法——"看得见的'物形'，看不见的'物型'"，即在看得见的课程资源基础的背后是看不见的教育理念。只有"形""型"相生、无所不在，并形成了内在的和谐与平衡，物型课程的资源建构与功能开发才可以说达到了一定的境界。也可以这样表述：物型课程的资源建构和功能开发以"物"的创造和"型"的生成为基点，以"人"的发展状态和发展可能为核心，通过"人""物"互动关系结构课程资源协同和动力系统，在不断实现"格物致知""天人合一"价值取向的过程中推动课程以开放、多元、生成的方式持续建构。

物型课程一方面注重对"万物"资源的整合与功能开发，另一方面注重对"人"的资源的综合运用，注重吸纳家长、社区、专业化组织中的"物型"教育资源。在此基础上，将"物"的资源与"人"的资源纳入课程系统，通过发挥物质资源、社会资源和共同体资源，形成协同开发、持续创生的理念与路径。根据物型课程的取向和基本特征，可以归纳出课程资源建构和功能开发的几个重要维度。

一、物型资源系统：建构"物型生活图景"

在物型课程视域下，万物皆为课程资源。"格物而后知至，知至而后意诚"，从感知性、形象性占主导的儿童认知规律和特点出发，物型课程将抽象的学科知识还原为具象生动、含蕴无穷变化的生活世界，将单一化的认知活动还原为在整体性的生命活动中开展的丰富的教学过程，致力于为儿童基于当下、面向未来的生存与

---

[1] 钟启泉.课程的逻辑[M].上海：华东师范大学出版社，2008：142.

发展提供真实、丰富和有效的资源与系统支持，通过生活空间、教学空间、精神空间多种维度为儿童探究与发现赋权，唤醒儿童主体存在，实现儿童自主性发展。

物型课程打破传统分科教育逻辑的结构决定了教材只是资源供给中的一部分，在"物型"所还原的生活教育逻辑中，更重要的课程资源在更广阔的生活世界中，那些"活的文本和例子"是物型课程的资源内核。物型学校在对儿童认知结构、发展特征、个性需求等方面的分析的基础上来结构这些"活的文本和例子"，为儿童发展匹配符合科学规律的、足够丰富的可感物、生活空间与关联"事件"，为儿童素养能力发展定制鲜活的"物型生活图景"，让儿童从中获得更为深刻的感知与省悟，使得儿童所接触的真实而丰富的客观世界和"亲密关系"成为其素养能力发展的知识、情感、智慧之源。

"物型生活图景"可以进行实体化建构。这种实体化建构是指将物型课程的教育元素以实体资源的方式呈现在教育环境中。常州市武进区星河实验小学将语文教学从文本里移植到校园中，12册语文书中的植物不再是"画中叶""镜中花"，而是和儿童一起生活、生长在教室里和走廊上。从种子、花朵到果实，或发芽或盛开，它们的成长和衰败与儿童的生命产生内在的密切关联。教师通过对儿童关联行为的关注、支持与引导，不断加深其对植物乃至自然生命的丰富认知体验与情感投射，为儿童提供真实可感、可作用的生活空间，儿童绘本、故事创作在这个历程中发生，对生命的关爱与价值审视在教育的互动中形成，对这些植物的种植、养护劳动也促使儿童形成基本的生活素养和劳动能力……无锡市藕塘中心小学与江苏省农业科学院协作，针对儿童远离生活、对劳动缺乏基本认知、劳动素养能力不足的现状，为学生打造了占地3000多平方米的"少年农学院"课程基地，通过主题场馆建设让学生了解农业生产从刀耕火种到数字化操控的进化演变，同时参与春种秋收、体验美食制作、感受科技创新，让学生真切体悟劳动的艰辛、收获的喜悦和科学的文明历程。课程由此转化为在生活中发生并为儿童当下和未来生活所做的一种准备。物型课程通过生活空间和课程资源的提供，为儿童自主体验、感受、判断、思考、推理、联想、类比等提供支持系统，使儿童的发展紧紧植根于生活的土壤。在儿童不停地进入生活、体验生活、创造生活的过程中，生命的责任感与丰富性自然地重返儿童的学习生活。

"物型生活图景"也可以进行意义化建构。这种意义建构是指学习者精神生活层面所感受到的意蕴、情感和价值体系，其核心是将人与物的关系从二元分离导向"天人合一"，即缘物生意、因物赋型。校园里的一棵树，远观成画，近触怡情，华冠为荫，叶落为径……人与树的每一种遇见都可能成为儿童通往美好生命的历程，物型课程就是要创造各种方式使儿童与它精神相遇，即使树木朽萎、生命褪去，教育者依然可以在"生与死"的命题中引导儿童产生对生命哲学层面的原初感悟与思考——一棵曾经繁盛、让小鸟栖息、"会唱歌"的树，一棵曾经给孩子们带来绿树红叶果实的树，一棵风起"会跳舞"、雨滴"会落泪"的树，它的生命特征虽然消失了，但它的生命意涵却并未消失，它会成为一种生命深处的记忆与情感，在儿童创作的画、诗、音乐、故事中获得更加丰富的永恒。教育者没有将一棵曾经相伴孩子成长的枯树从儿童的园子中除去，而是将它留在了充满生机活力、一片葱茏的世界里，为的是传递树与人、生与死等更深层次的文化哲学层面的价值意义，园子由此具有了物型生命美学与哲学的深度意涵。

南通市通州区实验小学百年老树

物型课程正是通过人与万物生命的对话，形成个体生命对世界的完整性认知——这种认知包含可见的完整世界，也包含不可见的情感意义与思想世界——从而实现"人的完整性存在"。

二、物型学习系统：创设全域学习环境

物型课程拒绝由主客分离的知识观导致的虚假性学习，强调在"物型"建构中由学生情感、态度和价值观参与而产生的真实学习和深度学习。物型学习不是单纯的认知学习或封闭的个体学习，而是"手—心—脑""实践—感知—思考"以及"身体—心理—灵魂"等共同参与的由外而内、由内到外的"持续探究""整体学习""全人活动"[1]和"创造实践"。

物型课程开发的一个重要维度在于建设全域学习生态系统，为学习者发展提供全方位、全过程支持。全域学习生态系统是物型课程的"实体＋虚拟"存在。对物型课程学校而言，完整的学习系统涵盖"可见的和不可见的"一切，建筑、空间、地表、文化和人际关系等结构出一个完整的物型课程资源系统，教室、学校、自然和社会合成为一个完整的生命成长系统，学科课程、综合实践、制度文化、角色群落为学生基于当下、面向未来的生存与发展提供真实、丰富、有效、全域的资源与系统支持。

全域学习空间是物型开发与建构的基本逻辑，学校空间通过多种维度为儿童学习与发展提供支持。从属性来看，物型学校空间可以划分为真实和虚拟两大部分。一般意义上，真实空间又可分为自然空间、场馆空间、教室空间、生活空间几个维度。

第一，自然空间。自然空间即学校的生态布局，强调山水成趣、物化自然、情景交融、天人合一。比如，南京市金陵小学，依桂山修烽火城墙，临水榭建碑文雨廊，登山可望百果成林，依水可观游鱼乳鸭。孩子们在这里开展生态农业基地、科技农业与桂山茶苑的体验课程，并通过网络交流平台和实体交流形式向全球近30所友好学校的师生传递绿色环保理念。

第二，场馆空间。场馆空间是学生知识能力拓展，开展主题化、体验互动式学习的重要场所，是物型课程主题教育的"储备与发生器"，具有博物教育的重要

---

[1] 钟启泉.课程的逻辑[M].上海：华东师范大学出版社，2008：143.

功能。徐州市青年路小学在办公室的廊道内修建了一座开放的博物馆，分四层，分别介绍了学校的历史沿革、办学理念与追求、发展现状与未来愿景。博物馆随时开放，为以班级为单位的课程提供讲解服务，讲解员由博物馆工作人员和学生共同组成。与此同时，学校将教育故事、校史文物、杰出校友学习生活经历等融入学生日常教育和生活中，引导学生学习、感受、同化、追求，从自发到自觉，与学校道德行为体系深度相融。此外，学校还定期举行校史剧演出和主题竞赛、影视欣赏等其他博物馆课程，深受学生喜爱。场馆是一个起点，课程开发的外延可以无限拓展，比如：打通校内外资源，将场馆升级为"场馆+基地"，为儿童多元探究、劳动实践等提供更加立体的课程空间；打通现实与虚拟空间界限，形成"场馆+"系列，为主题拓展提供丰富的课程支持形态。

第三，教室空间。教室空间即教学的关系，教室空间改革与教学组织形式创新紧密联系在一起。与物型"反知识霸权"的教学相适应的教室空间结构首先体现在将"秧田制"教学模式下的座位"实名制"变成多元合作学习共同体教学模式下的座位"流动制""多元组合制"；教室空间中的元素及组合方式由教师决策变为师生共同创生，通过空间变革实现空间赋权，教室由此成为师生共同的精神和生命场域。物型学校认为，一间教室能给孩子带来什么，取决于教室、桌椅之外的空白处流动着什么，取决于教室里装着什么，最终取决于教室中人的存在方式与关系。常州市武进区星河实验小学采用大教室、宽走廊的方式建构每间教室。每间教室都有学习区、游戏区、办公区、探究区、交往区、展览区，也有着星河教室的"12种表情"：教室是图书馆，是阅览室，是实践场，是探究室，是操作间，是展览室，是信息资源库，是教室办公室，是习惯养成地，是人格成长室，是共同生活所，是生命栖居室。在这样的空间里，课程无处不在，教育自然发生，即使是一张小小的课桌，也能成为一门小小的课程。六个年级的课桌椅颜色来自不同年级孩子们的投票公选，从粉红、浅绿到深蓝，仿佛毛毛虫到蝴蝶的蜕变历程。尽管每一间教室都有"12种表情"，但每一种表情都具有不一样的生命气息。每一间教室里发生着不一样的"角落课程",每一个书屋也没有固定的形态和位置,因为,一间完美的物型教室,一定诞生于儿童不同的生命成长系统之中。

第四,生活空间。生活空间体现在学生生活的各个区域,比如便池、台盆、台阶的高低要符合儿童的年龄特征,空间结构、道路设计要符合方便与美的哲学。学校既是儿童学习的地方,也是儿童生活的地方,物型课程的开发就是要把学校缺失的"生活的意蕴"与审美的意趣还给儿童。物型学校考虑到儿童生活交往的需要,在教室与教室之间,会安排"客厅"类的公共交往空间,提供座椅、图书、视听、探究性游戏设备,学生在休息时可以与其他班级学生自由交往、共同学习和活动,使整个学校成为一个完整的"学习与生活社区"。同时,物型学校强调为儿童创造审美浸润的生活场域。若要培养具有中国精神、中国气度的儿童,便要给他创造适应儿童需求、具有中国哲学审美意蕴的教育场域。比如,南通市通州区实验小学以百年校园为根基,打造了一座承载历史记忆和生活乐趣的"蕊春园"。园中有清末状元张謇题写的校训"以学愈愚",彰显"教育救国"的初心;第一任美术教师张謇的"欲听鸟语多种树,不识人情只看花",展现"独善清美"的文人气节;还有挺立百年的古柏古亭、斑驳陆离的沧桑古道……清风掠过修长的芦苇和盛开的花朵,大树不语,小草呢喃,孩子们在其间嬉戏游乐、吟诵古诗、巧玩灯谜,好一个"人约亭台上,鸟鸣花树间"。"念念无往,在在无心",东方哲学与审美生活的最高境界全在其间了。

南通市通州区实验小学"蕊春园"

除了实体空间,虚拟空间也是一个不可忽视的层面。在物型课程视域下,真实空间和虚拟空间并非平行的二元世界,而是一种基于儿童学习和发展需要的实时交互式的"混合学习空间"。比如,学校将山水植被、建筑雕塑、展品教具附上二维码,通过手机扫一扫实时播放相关知识和活动情境。南通市通州区实验小学的"蕊春园"里，很多植物都挂上了量身定做的二维码，用手机扫一扫，这株植物的所有信息就尽收眼底，包括照片、名字、种植的时间和经历、科属特征、物种价值、实用价值、药用价值、品格精神寓意，以及有关诗歌、散文、故事传说等，内容涵盖科学、文学、数学、美术、摄影等多个学科，而相关内容都是由高年级孩子经过多层次搜集研究以后制作的，同时，他们为园子里的各种植物制作电子书、描绘园林地图，为每种植物编号建档。"蕊春园"由此在现实与虚拟的交互中由师生共同建构了全域学习的深度空间。而在 VR（虚拟现实）时代，虚拟现实更可以实现跨时空存在，成为物型课程未来资源系统的重要组成部分。

对物型课程而言，全域学习环境开发与实施的基点并非空间和资源形态本身，其目标指向促进儿童在场学习，关键在于物型文化的顶层设计，确立整个系统的核心并组建资源群落，结构全域体系，促进全人发展。目前，物型学校已经开始了这方面的深度探索并形成了"实验田""德善课程""仁智教育""老街文化"等卓有特色的物型课程群落。

三、共同体要素整合：重构系统学习生态

在物型视域下，学习者与教育者、与其他学习者、与外部世界之间的关系是发展共同体。学校通过要素系统为学习共同体的形成与发展提供关键支持，即根据学校文化特质和儿童发展目标建构可持续创生的资源整合系统。

南通市通州区实验小学从师生共同探究需要出发，将"蕊春园"变成了包括生态课程、美学课程等多种课程在内的探究室和实验场。

以生态课程的一次"生命共处之网"教学为例，师生通过在"蕊春园"场景中的生活与观察提出：

在"蕊春园"里，阳光、池水、空气、土壤都属于非生物，小鸟、鱼儿、大叔、小草等都属于生物。这些生物和非生物之间有怎样的关系？这些环境中的各种

生物之间又有怎样的关系？

师生们围绕葫芦池里的植物、动物、微生物形成的生态系统组织了不同的主题研究共同体，并在真实的场域中感受领悟到人与自然的关系，建构自己的生态认知，并学会保护生态环境，以及与生态家园和谐共处的态度与方式。

张家港市实验小学则将校园建构成一座能藏得住童年所有趣味、容得下探索种种足迹、具有诗歌和谜一般气质的"小径分岔的花园"。这座花园是滋养儿童天性的乐园，是一座从空间到精神不断创生的"儿童的花园""生长的花园"，更是放牧共同兴趣、爱好、价值认同的学园。在

张家港市实验小学"我与百草园"

这里，每一条路都是"会呼吸的路"，每一次穿行都是"美学的散步""儿童的历险"和"生命的发现"。这座花园成为不同师生群落生活、学习与建构的一座百变的"百草园"和"梦想博物馆"，孩子们在这里共同体验"收藏时光，芬芳童年"的诗歌课程、"早安，森林"的艺术综合课程，以及个人定制的学习课程内容。

第三节　物型课程组织形态和范式开发

物型课程在确定课程取向方面与埃利斯教授的关于课程整合的观点具有某种一致性，即以教育目的为据，在课程开发的时候试图把几种课程模式整合起来。埃利斯教授在开发"探索者之旅"课程的时候融合了知识中心课程、学习者中心课程、社会中心课程模式，并根据具体情境来确定三者之间的比例，学生成了课程的建构

者[1]。而物型课程在此基础上更凸显后现代课程所强调的整体观、关联性、自组织特征，并强调课程开发实施与国家教育目标的一致性、与学校的适切性，尤其注重师生与学习资源之间的相互作用。在物型课程中，师生都是建构者，不仅建构课程，更建构一种和而不同、美美与共、幸福完整的教育生活；课程实施的过程不再是"为生活做准备"，而是生活本身。

课程塑型图

这种课程的理念核心在于对目的的解读与实现。学校试图达到什么教育目标？提供什么样的经验最有可能达到这些目标？怎样组织这些教育经验？我们如何确定这些目标正在得以实现？这是物型课程开发与实施必须回答的四个问题。

物型课程以学习者能力素质发展为目标，反对知识霸权主义，尊重儿童身心发展规律，注重隐性教育的渗透与融合，倡导以情境创设等方式柔性地实现教育目标，理想的物型课程建构即教育成为师生在认知与改变客观世界的过程中追求意义和价值，获得解放与自由的过程。物型课程中的"本我"在同自然、社会、文化之类的环境（外部世界）的交互作用过程中深刻领悟和自主建构生成的知识系统本身就蕴藏着丰富的生命意义和生活价值，它通过课程的统整，达至学习者主体意义上的"知识的统整""智慧的统整"和"生命的统整"，世界在物型课程中圆融为一个意义整体。

物型课程本身具有统整、综合、生成性等特征，其课程形态结构具有多元性、创生性的显著特点。它跨越了传统分科教学理念，同时又没有止步于综合实践活动课程"能力取向"的课程目标与实施框架，在分科教学与综合实践活动课程经验的基础上，容纳一切有形和无形的教育资源，形成了为学习者主体发展、生命自觉与内在解放提供系统支持的课程形态。它不囿于广域课程、综合课程、核心课程、隐性课程等基本课程形态特征，而是根据儿童生命发展需要和课程资源供给情况不断结构生成多种课程的综合体，甚至定制化地针对不同儿童群体和个体实施和提供差

---

1 埃利斯.课程理论及其实践范例·代中文版序［M］.张文军，译.北京：教育科学出版社，2005：7.

异化的课程组合方式。教育者在课程实施过程中的作用重在动态综合,学生在课程实施中的作用重在自主创生。

一、教育者:跨界综合——创建具身学习生活图景

艾米利亚教育思想的创建者马拉古兹认为:"当成人试图更关注儿童在各种各样的实践和理解领域中学习的认识过程而不是他们的学习结果时,儿童的创造性就能得到彰显。"[1] 他相信,"儿童有上百种语言"。这成为物型课程实践范式开发的重要启示。物型课程实践范式开发的核心就是为儿童提供"一个真实可感、引人入胜的世界",为儿童"上百种语言"的产生创造可能。

物型课程为儿童建构的"真实可感、引人入胜的世界"有三个基本维度。

(一)基于学校文化的跨界统整

物型课程以"课程统整"为核心思想,聚焦主题,打破物理时空、学科壁垒,以某一项目主题为切入点,整合学科相关因子,进行多学科内容、多生活场景、多时空维度的统整,让学科学习、主题学习获得全景支持,学习者在真实体验、深度探究中实现具身浸润、全脑学习。

在南京市金陵小学,物型课程的跨界统整、全域建构已经完成。学校在实施好国家、地方课程的基础上,结合校本特有的校园资源和学生特色实践,聚焦"物型""课程""学习者"三个方面,以"立

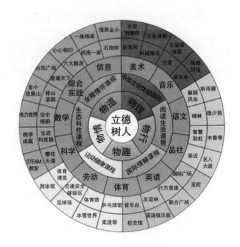

南京市金陵小学"物型课程"校本化
实施课程图谱

---

1 埃利斯.课程理论及其实践范例[M].张文军,译.北京:教育科学出版社,2005:74.

德树人"为根本任务,以"五物并举"为课程目标,从校园48景的物型布局入手,解读文化内涵,架构校本化物型课程体系,带动学校在校园文化、课程设置、教学创新、管理策略等方面的整体性变革。

学校物型课程以《开放的课堂,流动的书本——金陵小学物型课堂教育资源读本》为主体进行开发与研究,根据学科相似性以及物型景观分布情况,将学校48景分为六大类,涵盖"金陵情怀、中华文化体验、阅读生活、国际理解、生态科技、运动健康"六大主题,以综合体验的学习方式,开展创新学习,实施全科覆盖、跨界探究的体验课程。具体安排如下:

物型课程设计与规划

课程主题	物型文化资源	相关学科
金陵情怀	情聚金小、一脉相承、心心相印、六大解放、石抱树、爱满园、诚园、真园、仁园、勤园、火炬广场	语文、音乐、品社、美术、综合实践
中华文化体验	迎客树、古瓷博物馆、长城烽火、行千年桂树、古城墙桩基、方堂、荷塘风情、琢玉亭	语文、科学、书法、音乐、美术
阅读生活	智慧彩虹、木香亭、亲近母语吧、名人大道、揽胜园、梨园风华、碑林、逸少苑、听雨廊	语文、品社、社会实践
国际理解	国际广场、觅町、行万里路、联合广场、英语俱乐部、音乐台、友谊林、校史馆	体育、品社、英语、音乐、美术、书法
生态科技	空中绿韵、植物长廊、樱花大道、生态农业园、金小花果山、电力世界、桂山茶园、桃李成蹊、STEAM教室	科学、语文、综合实践
运动健康	体育博览、冰雪世界、游泳馆、柔道馆、乒乓球馆、体育馆、足球场、交通安全体验区	体育、品社、游泳

金陵情怀课程:含情聚金小、一脉相承、心心相印、石抱树等11处学习场域,开展校园文化系列探究活动,了解建校历史,感受价值引领,实现精神指引

及文化传承。

中华文化体验课程：以中华民族特色的建筑、戏剧、礼仪、文化为主体，构建浓郁的文化场域，促进学生在实践参与中凝聚民族之魂、扎深民族之根。

阅读生活课程：亲近母语、阅读生活、享受书香、增长智慧。阅读生活集读、思、研、感受为一体，使学生在翻阅校园这本大书的同时学会沟通和表达，在分享感悟中学会倾听和合作。

国际理解课程："同一个地球，同一个家园。"既有鲜活的本土文化，又在多元文化的交流与碰撞中让孩子开阔视野、放眼世界。孩子们在"learning from life"的理念引导下，学习、实践、合作、成长，努力成为具有国际视野、民族情怀、家乡情结的好少年。

生态科技课程：科技助力农业，实践雕刻认知。"学中做"识作物、学理论，走进田野，学以致用；"做中学"巧播种、勤灌溉，收获果实，习得真知。播下种子，让探究的动力植根于兴趣的土地。孩子们与自然生态亲密融合，体会现代农业的神奇，感受科技创新的魅力，分享自主研究的快乐。

运动健康课程：力量协同发展网、综合素质训练器、碧树攀爬区和体育展板共同组成了体育博览区。既有体育锻炼，又有知识学习；既注重竞争，又崇尚合作。现代化游泳馆设施一应俱全，常规游泳和特色花游课程的设立既可以让学生掌握基本的游泳技能，又可以感受花游的美妙与欢畅。孩子们在这里快乐运动、特色发展、茁壮成长，尽情感受科技体育带来的"寓学于乐"。

金陵小学物型课程链接国家基础课程，面向全体学生实施，课程内容按不同年段学生不同的认知与学习能力进行设计，全员参与。每个学期每个班级16个课时，一方面与学科课时融合，一方面采取社团活动等形式展开。考虑场地问题，现场体验采取场地预约制，使物型场域的资源能够更好地服务学生学习。课程实施关注学生的持续性发展，按照循序渐进的原则将教学内容进行课时划分，逐步加深课程学习的难度、拓宽课程学习的广度，全面提升学生的综合素养，并关注年段之间课程内容的关联性和课程主题之间的衔接性,以达到课程内涵的整体统一。同时,全学科教师参与授课,并充分发挥家长、社区、国际交流等资源,全方位提升课程品质。

(二)基于课程资源的组合创生

基于课程资源的组合创生是将不同的单种类资源与儿童的经验、情感、价值观以及儿童的生活实际联系起来进行组合创生,打通儿童聆听自然的通道,寻找理解世界的密码,给孩子提供多个观赏视角以及理解事物的方法策略。组合创生的课程开发与实施策略具有空间多维度、时间多频度、思维多向度、理解多角度的特点,因而能使课程具有无限开放的价值和无限广远的意蕴。基于课程资源的组合创生,物型课程有自然课程、空间课程、社区课程等三种基本形态。

1. 天下无一物无礼乐——自然课程的开发与实施

作家海伦·凯勒在《假如给我三天光明》中这样写道:"我安静地站着,全身关注老师(安妮)指尖的运动,突然,我恍然大悟,有种神奇的东西在我脑中激荡,呈现给我语言文字的奥秘。我知道了水就是正在我手上流过的这种清凉而奇妙的东西,水唤醒了我的灵魂,并给予我光明,希望,快乐和自由。"自然教会了她一切,海伦对水的认知,来自水流过手指的感受,通过自然的刺激达成,而不是来自文本。"自然之友"创始人梁从诫先生说过:"没有孩子会生来不爱树林、池塘、草地,不爱野花和小鸟。如果他们茫然,那是现代生活对童心的扭曲。在对理想的校园环境描述中,孩子们94%的词语描述的是树木、山洞、小河、蝴蝶、小鸟、花草……"蒙台梭利也曾说过,只要准备一个自由的环境来配合儿童生命的发展阶段,孩子们的精神与秘密便会自发地显现出来了[1]。儿童是"自然之子",知识、道德、情感、价值观的种子往往在与自然自由的交互之中形成。自然课程是滋养儿童生命力的种子课程。在日本,有一种学校叫自然学校,让儿童可以更多地在室外课

---

[1] 蒙台梭利. 童年的秘密[M]. 马荣根, 译. 北京: 人民教育出版社, 2005.

程中参加观星、登山、洞窟探险等活动，还可以学习野外急救知识等。在德国卡罗镇的深林幼儿园，无论刮风下雨，每天早晨幼儿都在森林"教室"里学习，即使零下 28 摄氏度也不例外。这些"蓝天下的学习"真正地还原了自然课程哺育生命的本义。

天下无一物无礼乐，自然中潜藏着生命的一切秩序、规律和意义，是儿童本体发展不可替代的"百草园"和"意义花园"。物型学校致力于创设丰富的自然生态，为儿童自主发展提供自由场域，师生共同确立课程的起点、实施过程与方式。当儿童以美学散步的方式，在余裕的时光中聆听白莲在微风中的浅吟低唱，体验"苤苢"花穗的缠绕，感受大地之上回荡的无邪、隽永、意蕴……便会生出虔诚、欢喜、担当……将真实自然与礼乐精神相结合，自然课程中的教育要素由此悄然转化为播撒在儿童生命里的种子，为儿童知识、情感、道德、价值观的形成提供真实而自然的强大力量。

同时，自然课程还可以根据不同儿童群体发展倾向和需要进行多种课程的组合开发，比如养护种植的劳动课程、吟诗作画的美学课程、探究发现的科学课程等等，通过多元课程形态的有机融合，充分满足不同儿童群体的发展诉求。

常州市鸣珂巷幼教集团为了顺应幼儿成长节律与发展特性，依托园本种植课程创设了"小牛顿农庄"，利用园所空地创设集沙水、涂鸦等元素为一体的综合性种植区，在室内外植物角提供直尺、量杯、数码相机等各种工具，让孩子亲历体悟春种秋收的喜悦、创意表达的快乐和科学探究的意趣。

2. 建构教育的空间诗学——空间课程的开发与实施

建构于"物""型""人"三元素关系基础上的物型教学空间，是一种相互归属与构造的整体情境性空间。物型空间课程开发与实施的要义可以描述为：起点在物（空间），重点在型（空间文化），关键在人（学习者）。

我们来看三个范例。

第一个，常州市武进区星河实验小学，秉承"尊重每一个孩子"的理念，将整个校园和教育系统开发建构为四维物型空间。

一维空间是教室空间，是儿童学习的主要空间，各个教室以创想为主题进行文化建设。普通教室配置个性化学习区、电子学习区、互动交流区。低、中、高年级阶梯型的班级设置创想区——"我是小问号""我爱小研究""我会小创造"，呵护好奇心，培育创造力。

二维空间是朋辈空间，在校园里播下几百颗种子，不断生根开花，让学校成为"立体的教科书"、大自然的博物馆。学校征集孩子400多个设想，分成了36类，为孩子创造角落课程，形成朋辈交往空间，更在有形亦无形的教育土壤中埋下了纯粹的基因，为每一个孩子给予适性的教育和个性化的帮助。

三维空间是共享空间，形成了一园两馆三港四空间的创想环境：一园为苹果园；两馆为创想科技馆和数字体验馆；三港为好奇港、探究港和模型港；四大空间包括总体环境、特设环境、教室环境和心理环境。学校营造"人文""艺术""科学""社会""生命""农学""体育"

常州市武进区星河实验小学未来城市场馆

等七大星系，构建儿童创想城，形成一个让儿童积极卷入的立体探究空间。从创想课程的嵌入到儿童文化的创生，学校的每一个课程馆都成为儿童的实践馆、探究馆、体验馆与创造馆。

四维空间是野外岛屿。学校与地区33个企业、农场、大学、事业单位等签订协议，让这些空间成为学校的课程基地，每月孩子都有半天以上的野外课程，有的还在那里建立了自己的实验室与试验地，通过物联网与传感技术进行小课题研究。按照儿童的认知进阶规律，在移动的课堂上纵横构筑一个个文化时空，带孩子在万物的行旅中经历时空的流转，收获生命的丰盈。

将实体空间与虚拟空间交叠，形成结构化的空间课程系统，努力为学生的创想力培养提供最佳场所与境遇，使得"星河"处处为创想之地、天天为创造之时、人人是创新之人。

第二个，南京市金陵中学河西分校，在小学部偌大的草坪上屹立一块自然成趣的巨石，上有中国书法家协会名誉主席沈鹏所刻的"怀抱"二字。关于石头名字的来历，还有一个故事。2018年9月，小学部新教学楼落成，近3000名师生员工有了一个更加敞阔的新校园。

南京市金陵中学河西分校草地上的"怀抱"石

在对小学部校园进行构思规划时，学校明确提出，小学部要依托学校物型环境，积极建设新型学习空间，打造促进学生自主发展的物型课程，探索面向未来的教学组织形式，使生活在校园里的每一位师生都能拥有幸福而完整的教育生活。为了落实物型理念，给草坪上的这块大石头起什么名字就成了一个课题。小学部老师和孩子们进行了认真讨论，最后，定名为"怀抱"。孩子们说，走进学校就像回到了妈妈的怀抱，学校就是自己的家。老师们说，怀抱，是对教师职业的阐释，老师应该有渊博的学识，更应该有辽阔的心胸。怀抱，还意味着怀才抱器，才华与能力兼备，智识与情怀并重，是对学校办学目标——培养有情怀、有智识、有自由思想、有能力创造和体验幸福的现代人——的一种凝练表达，充满了想象的空间。

缘物赋型，因物成课，一块拙朴的石头，一个空间标志性景观，成为撬动学校师生情感体认、价值归依的课程支点。

第三个，张家港市实验小学，自2012年以来，每一年校园里都会生长出一个新的小书房、小角落——钟摆小书、旧书奇缘、世界的书、一亩花田……书房，在一间一间地生长，它们和荒野般的"百草园"

张家港市实验小学花儿与少年

一起欣欣向荣。书房来了,如繁花,次第地,各自盛开。孩子们来了,诚信"购书"、主题书展、阅读分享,他们在安静地"买书"、有序地看书、热烈地说书过程中渐渐地理解规则、遵守规则,慢慢生成一种契约精神。场馆空间的形与色,内隐和外显的教育的人文关怀,构成了一个令儿童流连忘返的生活与精神场域。

物型空间课程内蕴着强烈的审美性追求。美,不仅是教育的目的,也是教育的手段。物型空间课程是教育者通过空间传递的一种教育表达,其建构的要诀在于:以物型文化为内核,在一切美的基础上,寻找并支持"儿童的句子"。物型生活美学的起点是主体精神回到大自然。人类的成就与大自然的成就,形成了今天的世界,格物致知的认识论和天人合一的价值观是物型理念的哲学内核。因此,物型空间课程开发强调在自然景观与人文景观的交相辉映中实现课程审美价值的艺术化呈现,并将其作为课程的重要元素,与孩子的成长自然交融,在天地大美、艺术至境、生命哲思中濡染孩子的视野与心灵,生成孩子的价值体认与精神谱系。

3. 培养孩子需要一个"村庄"——社区(社会)课程开发与实施

美国前国务卿希拉里曾经写过一本书,名为《培养一个孩子需要一个"村庄"的努力》。这也许源于非洲的一句谚语:"培养孩子需要一个村庄。"因为孩子们可以在村庄里自由玩耍,和他人交友、合作,进而自然成长……演化到城市,就是社区。社区,为儿童提供了真实的生活场域。对于物型学校而言,社区是孩子走向真实世界的第一步。社区课程开发,即充分运用各类公共场馆、文化艺术中心、企业、特色建筑以及孩子们日常生活的社区资源,对校内教育进行主题化拓展、创造性实践。与学校相比,孩子们对社区各处的探索、研究更感兴趣。小区里的建筑有着怎样不同的风格?运动器械为什么总在小区中央?小区里新增的那个回收桶为什么和别的不一样?家乡古建筑与其他古建筑有什么

连云港市苍梧小学"动物园"里做研究

不同地方？……一系列的问题生成一个个值得探究的课题。儿童与学习伙伴（师、生、家长、专业人员等）合作、探索、分享，使得蕴含在社区物型中的教育价值、课程元素、学科思维、学习场景能够最大效度地发挥作用。社区提供了异常丰富的生活维度，更有利于儿童自主探究与建构，"我的学习我做主"，方式、时间、程度完全可以由学生自定。

在社区物型课程探究中，一个四年级男孩王路宸，发现爷爷奶奶们、叔叔阿姨们对垃圾分类经常搞错。于是，他利用自己最擅长的编程，设计了一套垃圾分类自动处理器。作品在学校展会上一亮相，就吸引了大家的目光，他也被评为"常州市科学小院士"。另一组二年级的孩子则选择了思维导图和漫画的形式，对垃圾分类的作用和要求进行理解性表达。随后，这些创意作品被张贴到了小区布告栏、电梯间等处。无论是哪一种表达方式，只要能够清楚地表达出研究成果，确实可以起到美化社区、优化社区、强化社区等作用，并受到重视。而创造出这些作品的儿童，因为参与了真实生活的公共建构，也会形成勇敢、自信、积极参与和责任感等优良的社会化品质。

这样的建构策略也适用于更广域的课程形态。社区是物型社会课程的开端，作为公共建构的一种课程形态，物型课程不仅仅局限于学校课程、社区课程，更在于构建社会课程。社会生活中的一切资源和要素无不可以纳入物型体系，赛场、农场、音乐厅、博物馆、艺术馆、科研院所、友好学校、国际组织……整个社会都是物型场域，教师、学生、家长、教育专家、科学家、工程师、专业人员，甚至世界各地兴趣相关者，都可成为合作学习的发展共同体。

2020年初新冠肺炎疫情期间，物型学校的孩子们利用居家时间自发组建网上学习伙伴群，录制数学思维题、文学故事、英语视频并做网上讲解，主动邀约父母加入群体性学习和体育游戏等活动之中。淮安市周恩来红军小学、张家港市实验小学和扬州市汶河小学则利用网络连线开展爱心结对和德育实践活动，和湖北地区的孩子同升一面旗，同唱一首歌，同写一首诗，以共同体的课程组织方式促成两地师生携手同心，共抗疫情。

见识比知识更重要，智识比见识更有价值。物型课程资源通过多种组合创生方式结构出儿童智识发育的完整系统，儿童得以在更为广阔的世界自主建构更为完整的知识和意义体系。

（三）基于学科联系的优化整合

基于学科联系的优化整合策略是指以学习者的发展特点和教育支持为依据，对传统学科课程进行优化改造，通过不同学科的关联整合，建构学科因子与儿童学习元的深度连接，实现学科教育在促进儿童能力素养发展过程中的价值最大化。以各学科的独立性为前提对课程内容进行多维、多向的组织，即打破学科固有界限，找出课程要素之间的内在联系，关注知识应用而不仅仅是知识形式，加强各学科之间、课程内容和个人学习需求之间、课程内容和校外经验之间的广泛联系，并通过嫁接主题活动实现学科课程的深度应用。例如，将英语课程与地理课程关联和整合，使语言学习跟地理时空的相关主题之间建立最常见、最有价值的联系，并通过个人或小组化地模仿"Discovery 频道"等方式制作自己的对外地理交流短片，以实现学科课程价值的深度优化。

当然，这些还是物型课程基于学科联系的优化整合策略的基础运用，物型课程对学科整体形态优化的根本性变革在于建构对学科内在要素起到发展支持性作用的物型课程系统。这其中常州市武进区星河实验小学更进一步，突破了物型课程局部化、片段化实施的弊端，勾勒出物型课程创想体验的系统策略，根据教育特征对空间里的创想体验活动进行分解、设计、整合，从而形成贯通一至六年级，以科学课堂教学为核心，以课外实践探究活动、学科联动活动、场景体验活动等为支撑，以科学的评价体系为辅助的校本创想课程，形成了科学课堂体验、学科渗透体验、专用场馆体验、主题竞技体验、校园场景体验、户外延伸体验、项目走班体验、家庭亲子体验等策略。通过从"1"到"N"系统创想体验策略的构建,最终形成体验课程的制度化与自主化。

物型课程对学科优化的整合可以分两步走。

第一步,将学科知识按其内在的逻辑通过跨边界、强支持的方式组成由简单到复杂的结构链或结构块。

一是纵向拉伸,将单元内、单元间甚至跨年级的同类核心知识内容、同源研究问题按其内在的逻辑组成由简单到复杂的结构链。

二是横向贯通,把具有类特征的不同单元整合到一个单元,凸显背后共通的解决问题的思维方式,丰富学生对类结构特征知识内涵的整体认识和结构把握,提升系统思维、模型思想。

三是纵横融通,打破原有的单元和年段的界限,打破不同学科间的壁垒,把视野从单元整体结构拓展到整个年级甚至各学段、各学科的学习旅程设计中,在整个学习过程的视野下审视、策划和体现结构链和结构块之间的关联,形成主次分明、有机渗透的教学格局。

四是以结构为大单元重新理解组织内容和主题,以结构的逐步复杂化作为贯穿教学的认知主线、思维线索,开发主题内在结构的丰富资源。

第二步,在建构结构逻辑系统的基础上,以物型学习方式作为优化核心,为结构块的深度推进和结构链的顺序推进提供物型资源的系统支持,从而实现从学科到学习的整体优化。

例如,用数学步道的思想来构建数学世界的物型课程。数学步道是指用现有的、在地的场景,设计出一系列的数学体验以及挑战的活动,如计算、估计、测量、几何探索和论证等。数学步道的理念目标是透过生活化、在地化的素材,带给学生数学感,并通过一些活动来提升学生数学素养,以及学习兴趣和自信。

二、学习者：探究生成——推动物型课程迭代进阶

物型学习和探索是以在场和具身的方式实现的。在物型课程综合化建构过程中，资源和课程是系统和全面的，而学习和探究则要凸显在场化、个性化、建构式的特征，即物型课程的综合化不以学习的整体化、同一性为目标，而倡导"一人一景""一人一境"的存在方式。社会主义核心价值观等主流价值倾向以隐性课程形态出现，每个学习者都在低结构、高倾向的物型生活图景里建构既具有统一价值指向又具有高度自主特征的价值坐标、知识坐标和情感坐标。探究生成是从学习者视角推进物型课程建构的基本方式，其开发与实施路径有体验课程、自主课程和伙伴课程等。

（一）学习方式的赋权——体验课程的开发与实施

卢梭认为，儿童通过自我发现、自我想象的智力活动来达到智慧的更高境界。自我体验是儿童结构经验、生成认知的重要方式。物型体验课程是儿童体验多维度、连续性打开，主体内在发展因子不断被唤醒的过程，重在为儿童创设多元体验的可能和满足主体连续、递进、拓展性体验的需求。主要方式包括了解性的参观、沙龙式的质疑、操作性的解密、主题化的探究、竞技式的感悟、发现式的观察、拓展性的阅读等。同时，应在此基础上给予儿童开放式探究的空间与教育支持。

淮安市周恩来红军小学开发设计了长征实景体验课程和国防、民防体验课程。"长征园"是学校"红色课程"体验基地，以史诗性、画卷式的情景完整地还原并高度艺术化地凝练了长征之路。"长征园"深入挖掘长征途中的历史人物故事、重要战斗场景，同时注重红色项目的参与性。学校依托"长征园"开设"长征实景体验课程"，红军娃们亲身参与"飞夺泸定桥""四渡赤水迷宫""穿越封锁线""遵义会议""我的长征故事"等体验课程，感受红军克服万难、争取胜利的决心，感受红军不怕苦、不怕累的顽强意志力，促动少年儿童行为与品格的提升。

国防、民防教育园总面积1500多平方米,内设国防及民防教育馆、模拟演练场和少年军校等展厅,采用声、光、电等现代高科技互动展示手段,突出知识性、趣味性、体验性、互动性,力争达到"一次受教,终身受益"的目标。

淮安市周恩来红军小学真人野战CS

国防教育馆内陈列着"辽宁舰"航母群模型,是按照1∶100比例制成的仿真模型;99式坦克模型全身用钢铁制造,是解放军新一代主战坦克;战斗机机群模型依次是歼-5到歼-20机群,充分展示了我国空军的辉煌历史和强大战斗力;运-20驾驶模拟舱按照1∶1比例制作,让学生们有更为直观的感受。

国防教育馆野战区模拟战场设置了战壕、伪装网、树林、草地等设施。在这里既可以单兵体验,学习单兵武器的操作方法,也可以集体模拟参战,感受不同战斗环境下的战斗情景。学校会按计划安排不同的班级进入体验、学习国防知识,体验做现代小军人。

国防馆少年军校展厅,墙壁上展示的是十大元帅图片、孙子兵法,展厅中央放置有作战沙盘等,旨在引导红军娃们以共和国卓越的指挥官为榜样,学习兵法,模拟体验战斗过程。

常州市武进区板上小学将武进锡剧元素融入校园全域景观,并根据各年级学生心理发展特点设计不同的戏曲课程,为儿童沉浸式体验家乡文化提供场域。在课程实施过程中,充分观照儿童心理特点,尊重儿童发展意愿,不仅由孩子们自主申报场地,把"生旦净末丑"的行当请进了校园,把锡剧团的专家演员请到了现场,让孩子们真实体验锡剧的魅力,还为孩子们提供绘制独一无二的"脸谱"的机会,让每个孩子都能拥有自己的专属"脸谱"。

无锡市藕塘中心小学采用项目与国家课程、校本课程有机融合的方式,打造包含微农场、农展馆、美食工坊、组培室、无公害检测屋、感知园（物联网技术应用）在内的"农耕文化"体验空间，建构有助于学生勤劳节俭、坚毅担当、自律乐群、自主创新等品格提升的体验课程体系。以"农耕文化"为主题的体验课程有两种开发与实施的路径。

第一，国家课程校本化拓展。

学校借助"'农耕文化'儿童体验空间"这一物型空间，融合国家课程和地方课程要素，使之更符合学生、学校的特点和需要。以植物主题中的"桃"为例，语文教研组和美术教研组从三年级课文《剪枝的学问》入手，通过课堂和社团活动联合开展了以"绘形、绘意、绘心"为主题的活动，耕、读、画、赏桃文化。围绕桃花盛开、点花、结果、包桃、摘桃、吃桃、写桃诗等环节，制定了不同时期的基地主题体验活动形式，贯穿整个学期的始末，形成了一系列的主题活动研究。只要符合主题研究内容的需要，学生在体验空间中学习的地点是可以灵活转换的。在学习"花的世界"这一主题时，可以先到组培室看看一棵花苗是如何培养出来的，然后到学校微农场"花趣"区域欣赏各种各样的花，说说它们的名字，再利用双休日和父母亲一起到公园或者花店了解花的品种，解读花语内涵。这种儿童体验方式的变革，进一步激发了儿童主动探究的科学精神。跨学科、多维度的主题体验性综合实践活动，更加清晰地指向对学生必备品格和关键能力的培养。

第二，校本课程特色化建设。

学校通过问卷调查、抽样访谈、外围调研等形式，确定了"花、菜、桃、物"四个研究主题，开发了综合实践活动课程的校本教材《我们的乐园——走进少年农学院》，设计了"我是小小种桃人，以'桃'为媒爱家乡""我是小小花艺师，以'花'为媒爱自然""我是小小蔬食家，以'菜'为媒爱生活""我是小小研究员，以'物'为媒爱探索"四大板块。每个板块又有六个主题："我是小小种桃人，以'桃'为媒爱家乡"板块下有"识桃树、观桃花、研桃胶、品桃韵、植桃树、望桃途"六个主题；"我是小小花艺师，以'花'为媒爱自然"板块下有"花的世界、花的开落、花的制作、花的养护、花卉情浓、花的文化"六个主题;"我是小小蔬食家,以'菜'为媒爱生活"板块下有"菜认识、菜种植、菜检测、菜孕育、菜烹饪、菜储存"六个主题;"我是小小研究员,以'物'为媒爱探索"板块下有"认老物件、知节气历、学歌谣谚、研老物件、走农耕旅、访民俗路"六个主题。每个主题下设计丰富多彩的活动菜单供学生选择。学校将"农耕文化"各个主题场馆的图片、文字介绍,学生围绕"农耕文化"开展的小课题研究成果以及学生在主题场馆中开展活动的微视频上传到校园微信公众平台。家长可以通过手机非常方便地和孩子一起进入体验空间,进行一次有趣的"少年农学院"之旅。家长和孩子亲身体验后,可以通过平台分享、评论、点赞,和学校做进一步的沟通交流。

(二)学习主体的赋权——自主课程的开发与实施

只有在心底自由的时候,人的创造力才会最大化。儿童内源性动力来源于自我认知、自我体验与自我实现。越接近本体内在认知、体验,越有利于自我实现,内源性发展动力越强。而游戏与自主学习恰好给了孩子自由的环境,物型课程创设强调自由环境的提供,对孩子的创造进行从空间到场景到内容的充分赋能。在对儿童的学习设计中,无论采用怎样的方式——统整式学习、混合式学习、游戏化学习、登山式学习、场景化学习等等,儿童都不再是被控制者、操作工,而是积极的参与者、创造者、设计者,通过自主设计、自主探究、自主沟通、自主建构、自主创造,在学习的过程中实现自我价值。在儿童自主课程开发的过程中,需要注意教师并非旁观者,而是资源的适时提供者、合作的关键促成者、创造的重要支持者。

南通市通州区实验小学通过建构多维交互的"我"课堂模式,开发实施物型自主课程。"我"课堂的核心就是主体意义探究与价值实现,学校将传统的课堂学习改造为"我准备""我探究""我检测""我提升"四大板块[1],以"我"为原点,不断拉长学习半径,使"我"与更多的外在世界发生关联,引导儿童在处理一系列关联

---

[1] 王笑梅. 让师生拥有沸腾的审美生活[N]. 江苏教育报,2019-01-18(3).

"事件"中建构属于"我"的学习系统。

徐州市万科城民主小学则在空间课程、社区课程的基础上进一步创建了系列自主课程。为创建智慧校园，学校教学楼的"科技之光"走廊新安装了四台科普仪，课间孩子们饶有兴致地摆弄着这些新朋友，更有一些探究欲望强烈的孩子甚至想把科普仪拆开来一探究竟。如何让孩子玩出精彩？学校把四台科普仪安装到运动墙上，未在墙面做任何解释说明，意在吸引孩子们进一步探究科普仪的内在奥秘。学校认为，科普仪的作用不仅仅是让孩子们体验一下时光隧道、人体发电……，而是应该能够打开使孩子对科学产生兴趣的那扇窗，吸引孩子进一步去研究，发现科学原理和规律，进而用科学来解释现象，最后创作出自己的科普仪。在科学老师的支持和指导下，孩子们利用旧抹布、饮料瓶制作了"神奇的小毛巾""吸管喷雾器"等科普仪；在孩子的追问和课程演进的过程中，孩子们一步步探究发现了摩擦力、气压等科学原理，自主探究的科学精神也得以在儿童心中萌芽。为了进一步支持学生自主探索，学校专门拿出一间教室，打造成为"拆装室"。这是一间全天全员全开放的教室。学校依托拆装室，又开设了拆装课程。在"钟表"课程设计上，科学老师将 STEAM 育人理念与课程模式创造性地融入拆装课理念中。学生从拆卸旧钟表入手，观察探究机械内部构造，运用计算机绘制结构图纸，使用高科技工具进行装配。为了更好地提升学生的信息化水平，科学老师还将 3D 打印课程资源与拆装课程深度融合，指导学生自己打印机械构件，创造属于自己的个性化钟表。拆装室是一间允许破坏更鼓励创造的教室，学生在不断拆装、敲打、焊接的过程中，巧妙地将心中所想变为手中之物。从"拆课"到"装课"再到"创客"，科学技术正与儿童生活无缝链接，学校得以成为学生创造创新的孵化器。

2017 年，民主小学又利用周边社会资源开发了包括博物馆课程在内的一系列研学课程。但随后发现，社区的课程资源与儿童认知规律和发展节奏还不能完全适应与匹配，无法满足孩子们迫切的好奇心和深度学习需要。于是，学校建成了全市首个校园博物馆——"奇奇博物馆"，并依托博物馆开设了众多儿童自主课程，博物馆被称为孩子们"好奇心的柜子"。"奇奇博物馆"从展品收集到课程设计都由师生共同完成。通过征集学生感兴趣的展品，设计学生喜爱的学习方式，招募志同道合的小组成员，开发学生个性化的学习内容，博物馆成为激发孩子们探索和求知热情、兴趣的最好的老师。目前，"奇奇博物馆"已经开启了三站旅行：第一站——玩转汽车；第二站——看老物件，见证时代变迁；第三站——门票里的世界。未来，这里的课程内容还将在孩子们的疑惑和探究中不断生发。观察启迪着智慧的源泉，思考变成了行动的种子，师生共同设计的博物馆课程，成为师生共同经历的思维冒险和文化旅程。

（三）学习组织的赋权——伙伴课程的开发与实施

物型探究可以是一个人的观察与发现，也可以是一群人的合作与探究。伙伴课程是物型课程共同体形态特征的典型表现。伙伴课程的本质是通过有效伙伴关系的建立、沟通与协作实现学习者共同学习目标的有效达成，并使学习者经历真实"事件"以获得现实情境问题的解决能力。这样一种课程组织形态的赋权，驱动学习者成为建立课程结构、实现课程目标的直接责任人，在组建伙伴课程的过程中获得丰富的情感体验、"事件"经历，形成丰富的认知体验、多元的能力素养。

伙伴课程的开发与实施以促进儿童能力素质发展为目标，对学校而言，重在依据学校教育目标建立伙伴组合的规则体系，并提供物型工具支持。

比如，无锡市藕塘中心小学以研究主题菜单为任务目标，让学生选择自己感兴趣、适合的研究方案，发动组织、实施和评价学习活动；选择合作探究的伙伴，与伙伴、教师、家长共同探究体验。在进行"桃树的种植管理"这一板块学习时，学生可以邀请会种桃树的爷爷奶奶作为自己的指导老师，和同学自由组成"我是小小种桃人"体验小队，学习桃树的病虫害防治，学会黏桃袋、摘木叶等。

徐州市万科城民主小学将学生生活中面临的重要问题作为伙伴课程设计的切入点。比如，和徐州市贾汪区紫庄镇岐山小学30多名留守儿童一起开展"1+1"

经典共读活动，每个周末由不同的家长带着孩子作为领读人轮流去贾汪和留守儿童共读一本书，以真实生活作为撬动儿童语言能力的支点，并发展孩子的社会认知、美好情感和公民责任感。再比如，为了解决从加拿大转来的二年级学生颢洋和同学们的汉语交流问题，也为了抓住教育契机提高孩子们的英语能力，学校专门定制了首个学生个人工作室，在这里颢洋和同学们进行汉语和英语的相互交流，在交流互动中，孩子们共同进步，不仅收获了友谊，也增长了跨界语言文化交流和应用能力。

常州市武进区星河实验小学在班级里开展了协作学习的项目式课程设计。学习者借助物型箱等物型场景，聚焦核心问题，遵循一定的规则和策略，形成学习小组等共同体组织，通过学习工具的有效应用和小组的分工协作，完成共同学习任务。这样一种基于物型场景的协作学习具有五个显著的共性特点：

常州市武进区星河实验小学创想城堡里的童话节

一是共享性。协作组织群体成员共享一个学习目标，在共同理解概念和应用技能的过程中，共同解决核心问题，小组成员需要进行有效的对话交流，达成一致认知与意义共享。

二是异质性。小组需要由擅长不同领域和不同水平的学生构成，通过齐心协力，完成共同目标，群体建构新知识，解决真实问题。

三是探究性。学习活动始于真实场景任务，学习结果是形成高级思维技能和获得深层整合的、可以灵活迁移的知识。

四是协作性。任务目标以整体达成为基本要求，需要组员之间开展有效分工与协作，通过彼此交流经验、分享成果，进行观点交锋与综合，形成整体认知和经验跃迁方能完成。

五是整合性。学习活动过程中需要解决的问题是真实而多元的，超越小组整体认知局限的，需要拓展认知范围，整合思维方法，将多种学习路径进行整合才能实现任务目标。比如在任务驱动下，需要学习者或主动查阅资料，或进行现场考察、观测分析，或开展专家访问等，然后综合不同途径得来的信息进行综合分析并应用到问题解决过程之中。

从以上案例可以看出，在物型课程开发与实施的螺旋上升系统中，学习者主体发展需要是课程进阶最为根本的逻辑起点。学习者在综合课程系统支持下，自主实现在场探究、个性化学习，通过对事物从表征到内涵本质的持续深入探究，建构自我认知、体验、生成系统，完成深度学习、意义建构，实现全人发展。

总体而言，物型课程是既具有统一指征又具有丰富表现形态的课程，是新时代立德树人根本任务与优秀传统文化和教育前沿理念相结合的产物。其开发与实施既根植于中国传统文化的深厚土壤，又需要融合教育、建筑、文化创新成果，综合审美与科学实践经验。一所学校物型课程的开发与实践，本质上就是学校从文化到环境、课程的顶层设计与系统表达，是学校对学习者（包括教师与学生）赋权规则的制定和方式的考量，是对学校从管理走向治理能力的检验。物型课程开发和实施的状态水平与包括校长在内的教育者的课程领导力密切相关，对教育者的教育素质、综合素养提出了极高的要求。

第五章　物型课程的评价体系

第一节　构建物型课程评价体系的意义

物型课程评价体系是指对物型课程的计划、实施过程及其结果进行的描述、分析、评估和价值判断，旨在检验物型课程建设的效果，激励各物型课程学校建设的积极性，并在物型课程建设与实施的过程中实时监督、及时反馈，提供改进的意见，给物型课程建设以正确的导向，更好地促进学校及学生的发展。简言之，物型课程评价体系在物型课程的建设中具有诊断、激励、导向、反馈和修正等功能，是提升物型课程建设水平的核心环节，对于检验物型课程建设的效果、提高物型课程建设的水平、保证物型课程建设的方向具有重要意义。

一、检验物型课程建设的效果

物型课程评价体系的建立是检验物型课程建设效果的重要手段。此处的"检验"有两方面的含义：一方面指诊断出学校物型课程建设中存在的问题、不足及其原因，另一方面也包括识别出建设较好的学校，将其作为物型课程建设的典型或示范学校。

不论是查找问题抑或识别特色，均需要在遵循课程开发规律和学生身心发展规律的基础上，研制物型课程评价体系。这是因为没有物型课程评价体系，就无法回答这些问题：物型课程学校展示出哪些特征与行动路径？一所物型课程学校从哪儿出发，最终又如何呈现项目之美？如何才能科学评价一所具有典型意义的物型课程好学校？什么是物型课程好学校的标准？……唯有在物型课程评价体系的基础上对物型课程建设效果进行有效的检验，每所学校才能明确奋斗的目标和努力的方向。

二、提高物型课程建设的水平

物型课程评价体系具有自发的激励功能。通过对各物型课程学校建设效果的检验，各物型课程学校不仅对自己学校建设的水平有所把握，对其他学校建设的成果也有一定的了解，各学校会通过与其他学校进行比较从而激发物型课程建设的动力和积极性。对建设稍差一点的学校而言，评价的结果会使其仔细对标物型课程评价指标体系，找出存在的问题与不足，并有针对性地制定改进物型课程建设的措施，争做物型课程典型学校；对建设稍好一点的学校而言，良好的评价会使学校管理者及师生感受到自己的努力获得承认后的成功的喜悦，也会激发出更强烈的物型课程建设热情，争取达到物型课程建设的最高标准。因此，物型课程评价体系的科学研制与合理使用能进一步激励各学校提高物型课程建设的水平。

三、保证物型课程建设的方向

物型课程评价体系的作用不仅仅在于检验物型课程建设的最终效果，它并不是把物型课程作为一个独立的、最终的课程样态来看待，而是把物型课程的建设看作一个有机的、发展的过程，因此对物型课程从开发到实施过程中的各阶段进行实时引导、监督与反馈。其目的主要在于为物型课程建设提供正确的方向，及时了解物型课程建设过程中的阶段和效果、问题与不足，尤其是通过学生的身心发展状况来了解效果，由此及时、有针对性地提出反馈意见，学校再根据反馈信息做出及时的修正，从而将物型课程的建设导向科学的发展轨道，为物型课程建设提供质量保障。这种注重过程的评价是一种发展性的评价，践行了物型课程评价体系的原则，即评价的目的不在于发挥分级与选拔功能，而在于发挥分析与支持功能，在过程中实时监控、反馈问题，使物型课程不偏离建设的初衷。

总而言之，物型课程评价体系的构建是物型课程开发与实施的核心环节。开展有效的物型课程评价，能激发物型课程学校创造出更具美感的教育景观，在更多的教育体验课程实施中提升校园品位，以进一步推进学校文化建设，达到育人效果。

第二节　物型课程评价的原则

物型课程评价的原则是指根据物型课程的育人目标和育人方式提出的评价物型课程的基本规范与要求。评价原则既可以指导课程评价体系的开发与实施，也可以为衡量课程评价体系提供质量标准。为了合理、准确地进行课程评价，物型课程评价具有以下原则。

一、以发挥评价支持作用为导向

物型课程设置的最终目的在于通过相应的物型资源的跟进与支持帮助学生强优补弱，为其提供从物质到精神的个性化双向支持，促使学生不断提升意义建构能力，真正在实践中发挥物型课程的育人价值。物型课程建设的水平最终会体现到学生的发展之中，因此对物型课程的评价要以学生的综合素质发展为主导价值定位，根据学生各方面的发展情况客观评判物型课程的建设水平。

二、以多元化成员为评价主体

在物型课程的方案设计及实施过程中，课程专家是指导主体，每所学校的项目领导团队和教师团队是设计和实施主体，学生则是学习的主体。因此，对物型课程的评价不仅要由课程专家来评，还要由校长、课程负责人、教师来自评，更重要的是由于学生是物型课程的直接学习者和受益者，因此学生也要对物型课程的建设情况及对自我的影响程度做出评价。评价主体的多元化可以帮助学校在评价中不断反思，深刻了解物型课程的内涵，从而增强物型课程建设的活力，促进学生发展。

三、以目标和过程相结合为评价思路

目标评价以物型课程目标为核心，根据实际结果与预期的物型课程目标的符合程度来对课程的价值进行评判。目标评价用预定目标作为尺度衡量物型课程建设情况，一定程度上能避免评价的随意性，保证评价的科学性和客观性，以判断物型课程发展的程度，给物型课程的建设提供正确的发展导向。过程评价主要描述物型课程阶段实施情况，并判断实际活动与课程计划是否一致，其目的在于为物型课程方案的制定和实施过程的调整提供依据和建议，是对目标评价重结果，轻过程弊端的一种有益补充。

四、以综合化的数据信息为评价依据

为了保证评价的全面与客观，物型课程在评价的过程中综合应用各种评价方式，从多个途径收集能反映物型课程建设情况的数据。如采用定性与定量评价相结合的方式，既通过观察、分析、归纳与描述的方法，对课程和学生的发展进行"质"的分析，又通过测算、建模的方法，对课程和学生之间的关联以及物型课程对学生的影响程度进行描述。定量可以使评价更加科学、准确，定性可以使评价更加深入、全面，二者的结合共同提高评价结果的全面性和科学性。

第三节　物型课程评价的内容

物型课程评价的内容主要是回答评价什么的问题。物型课程涉及的因素较多，结合物型课程的内涵与要素划分，物型课程的评价对象分为三个方面：一是物型；二是课程；三是学习者。

第一，对物型的评价是基础。物型既有"物"，也有"型"。"物"是载体，既包括校内所有的实体物质，例如建筑、场馆、教室、植被、廊道等，也包括现代信息技术所构筑的网络。"型"是靶向，是指物质经过设计后所呈现的意象，指向"物型"特有的育人功能，主要指学习者的能力和素养发展，表现为立体化和可视感。"物"与"型"的设计、开发与建设是课程实施的前提，也是物型课程发挥育人功能的基础。因此，评价一所学校物型课程建设得如何，最直观快捷的方式便是考察学校"物"与"型"的建设情况，包括学校的实体化物质建设和虚拟空间创设，考察学校生态布局、场馆建设、教室形态、生活空间以及现代信息技术的应用等方面的科学性与合理性，这样才能为物型课程的开发和育人效果的发挥奠定良好的基础。

第二，对课程的评价是核心。如果说对"物"与"型"的评价是基础，那么对课程的评价是核心与关键。这是因为只有通过物型课程的开发与实施，"物"与"型"才能落地，物型课程的育人路径才会更加明晰，物型课程也才能更好地引导学习者建构意义和实现自我成长。课程不是一个抽象的概念，而是由一些具体要素组成的，这些要素包括课程理念、课程实施结果、课程保障等。只有将上述课程要素作为评价对象进行分析评估，才能更好地推动课程的建设与发展。其中，对课程理念评价的侧重点是看其课程理论建构得如何，课程的目标是否符合课程开发与建设思路；对课程实施结果评价的侧重点在于教学组织形式是否科学有效，是否合理使用了物型特有的教学方法，是否做到了统合"人"与"物"的关系；对课程保障评价的侧重点是看学校对课程的组织与管理是否到位，教师队伍的建设是否起到对物型课程的支持与引导作用，以及学校吸引了多少外部主体（如政府、企业、社会）的参与、参与的效果如何等方面。

第三，对学习者发展的评价是最终目的。此处的学习者不仅指学生，也指实施物型课程的教师，师生二者构成学习共同体，对学习者的评价是物型课程评价的最终目的。物型课程的最大特点是"以物育人"，注重学生的知识建构，通过"物"的搭建为学生创设一种具体的学习情境，"物"与"人"相互适应、调整与融合，"物象"与"意象"相得益彰、彼此成趣，致力于实现校园育人功能的最大化，从而保障学生充分实现知识的内化，实现学生综合素质的发展。所以，对学生的评价主要注重其道德的养成、学习能力的提升、人格的发展、审美能力的培养和劳动素养的培育。除此之外，物型课程作为学校的一种新课程样态，需要一批实施该课程的教师队伍，因此对教师群体提出了更高的要求，教师需要在不断的探索与学习中提升自身的文化素养和课程建设能力。对于教师的评价，注重课程领导力和物型教学能力的形成与发展，如对物型课程的理解与实施、对教学资源的开发与利用，以及对物型课程教学方式的灵活运用。

第四节　物型课程评价的指标体系及研建阶段

课程评价标准的制订不能"随心所欲",必须有本有据,让"物型意象"为学校"文化塑型"。标准的研建是一个不断在实践中丰富完善的过程,截至 2020 年底物型课程评价指标体系经历了三个研建阶段。

一、以项目实施方案为依据的标准制订与实施阶段

江苏省基础教育前瞻性教学改革实验项目(重大研究项目)"物型课程建设的研究与推广"实施方案(下称"实施方案")是标准制订的最重要依据。在申报材料的基础上,根据江苏省前瞻性重大研究项目论证会上专家们提出的修改完善意见,项目组团队不断学习、研究、思考,充分完善,通过了江苏省前瞻性项目指导中心审订的项目行动纲领,实施方案具有引领性、指导性、规范性。

实施方案对物型课程的概念进行了清晰的界定:物型课程是发挥"物"的课程意象,以环境建模、物型建构与课程开发为内核,以实现"文化塑型"为基本目标,具有时代特征和中国特色的校本化隐性课程。物型课程好学校的标准要围绕"物型意象"与"文化塑型",这是物型课程学校建设区别于其他项目学校建设的根本所在,是"基因"的内核,我们要据此找到并重组更多的"因子"。

实施方案基本理念中专门阐述了"物"的课程意象,也专门阐述了"物"的文化塑型。依据实施方案中对"物型意象"及"文化塑型"的阐述,可以确认"地表文化""空间文化""学科文化""格物文化"等为物型课程学校建设的主要方向与内容,可以直接作为指导建设或者评价、评估的一级指标,也可以作为一级指标的设

立依据、分类依据。

当然，基本理念的阐述是丰富而全面的，但作为建设标准的表达应简明直观。因为简明，就需要综合化，需要内容整合、突出主体，因此，核心指标或者二级指标的表达就要突破原有的表达范畴，应词变意不变、形变神不变，而且应尽可能从实施方案的原有阐述中提炼关键词，从而更便于概念的理解与文本的解读。

经反复斟酌，提炼的关键词有 10 个：与地表文化相对应的有"生态布局""铺设景观"；与空间文化相对应的有"建筑造型""教室文化"；与学科文化相对应的有"学科内涵""场馆建设"；与格物文化相对应的有"探究物理""精神成长"；与建设成效相对应的有"育人模式""发展生态"。

在这 10 个核心指标的基础上，又初步分解了 20 个具体指标：

表 5-1　第一阶段拟订的物型课程评价指标体系

一级指标	二级指标	三级指标	分值
地表文化	生态布局	中国气派校园景象	5 分
		植物成为课程资源	5 分
	铺设景观	道路铺设知情意行	5 分
		景观演绎文化经典	5 分
空间文化	建筑造型	充满丰富教育元素	5 分
		廊道文化全域学习	5 分
	教室文化	体现核心价值观念	5 分
		激发共鸣互动感知	5 分
学科文化	学科内涵	构成完备课程体系	5 分
		以物化人教学变革	5 分
	场馆建设	提升在场学习功能	5 分
		面向师生社会开放	5 分
格物文化	探究物理	敬物佩物最美记忆	5 分
		使物创物实践创造	5 分

续表

一级指标	二级指标	三级指标	分值
格物文化	精神成长	社团活动丰富多彩	5分
		物我合一精神品质	5分
建设成效	育人模式	场景功能教育模式	5分
		学生乐享学习之美	5分
	发展生态	教育品质提升样态	5分
		生成学校教育美学	5分
加分项目	—	创新性特色化成果	10分

二、进一步以物型课程的三大要素——"物""型""人"作为一级指标的主题词，并以此为纲重组二级指标阶段

（一）"物"：环境建模

学校教育中的"物化"集中体现在"器物精神"与"场所精神"。传统文化中"器物精神"反映的正是人与物的关系，即在"物"的潜移默化影响中形成人的审美文化价值取向，改变与提升人的精神世界层面。这就形成了以物育人、以物化人的文化形态。校园的"场所精神"对于实现学校教育的全过程、全方位育人具有重要意义。

1. 自然环境

（1）自然山水：突出自然山水的生态布局。微山微水的校园是让人心灵放松的港湾。"山"要有立体感，"水"要有灵动美。无论是"山"还是"水"，都要强调原生态建设。

（2）植被配置：让每一种植物都成为知识源。绿化要有人格寓意，能引发学生托物言情、咏物言志、以物感心。植被配置应做到丰富而有意境，使教育能触及学

生灵魂深处。校园内要栽种深具人格意象的树木,形成室外植物与室内教学内容相通相接的情境,要按树色及其生长时令有机搭配。

2. 人文景观

(1)建筑造型:成为新形式的审美教育载体。校园有山水气象,以优美的生态环境促进学生乐山爱水;校舍有艺术美感,以格调大方、色型大气、装饰大雅的建筑之美熏陶学生。将学校的地理环境同人文环境相结合,将建筑文化内涵同学校文化内涵相结合,从而培养学生的审美能力,满足学生精神层面的需求。

(2)铺装技巧:讲究景观道路设计的知情意行。注重应有的审美感、亲近感、情趣感。路林结合,相得益彰,形成画意,更有诗情,师生徜徉其中,感受着校园生活的温馨。

(3)景观小品:让学习内容成"象"成"型"。叠石理水,一草一木,文化景观要有"故事",承载着深刻的文化内涵,成为课文掌故、历史经典的再现、延续和创生。

3. 学习资源

要重点加强走廊、过道、教室、主题场馆等校园文化载体建设,让"学校的每一面墙壁都能说话",让生活、自然与课程的有机结合释放教育之美的正能量,开拓环境育人的新境界。

(1)廊道布置:成为课堂之外的调适天地。走廊过道文化的重点应在于知识广度,建设中还要体现匠心之美、人文精神和儿童情怀,让学生感受与教室不同的张弛节奏。

(2)场馆使用:构筑向学的立体校园和知识空间。通过不断增加校园建设中的课程价值和审美趣味,重构在场学习的空间,成为人与物、人与人之间对话交流的丰厚土壤。

(3)改造教室:以生态空间丰满学生理想。改变教育生态要从"教室文化的革新"开始。根据班级特点进行文化再造,打造具有书香生态、植物生态、信息生态、科学生态、学科生态的教室。努力克服专用教室有形无意的不足，完成从形到意的升华。积极打造厕所文化，使其也有"书香气"。

（4）重构空间：建造开放多元的学习环境。将物态文化景观转变为学习的"境"、实践的"场"、创造的"器"、体验的"坊"，让儿童在开放自然的学习成长中探其源、求其真、赏其韵，获得自我成长，促进教育悄然发生。信息技术带来的学习变革，已经重构了学习空间，改变了学习路径。要循着未来学校、未来教室、未来学习的样子，结合高科技、全媒体的应用，重构学生与环境的关系，重构教育中人与技术、工具以及资源的关系。

（二）"型"：课程建模

物型课程是以儿童发展为目标，以知识的物化为形态，以人与物的互动为形式的课程，是基于优秀传统文化而创生的物态情境和教育表达。物型课程旨在校园环境的立体再造，追求教育价值、课程意识、学科文化、童心需求和人文寓意的综合体现，载体在物，关键在型，突破在课程，目的在育人，呈现在文化。

1. 物型理念

（1）手脑合一：以物化人推动教学变革。通过开发丰富而有美感的课程资源，重构学习空间，让学术形态的内容以教育形态、生活形态呈现。创新教学方法，改变当前教育的形式化、冷硬化，打造美感课堂，最终形成学科教学生态，广大教师成为手脑合一的"智慧教学创生者"。

（2）情境创设：立"物"取"象"的课程文化塑型。物型课程反对脱离学生兴趣和生活实际的纯粹概念化学习，主张"在情境中学习""在活动中学习""在探究中学习"。物型课程以环境建模、物型建构与课程开发为内核，以场景功能实现与教育品格提升为追求。物型课程中作为环境载体的"物"则以上升到不同"型"的方式一步步塑造着人。

2. 课程建构

（1）学科内涵：形成学科色彩鲜明的完备课程体系。物型课程强调学校建设中的所有物态东西都要落实学科文化，发挥课程意识。在使物创物的过程中，需要以核心素养理念进行课程的规划与统整，将原有的资源重新组合，根据课程建设需要再新建补充。加强学生的学科认知，使学生在实践中感知学科价值、感受学科文化。提炼学科之美，渲染学科情境美感，以美滋润学生的心灵。让学生通过学科分类形成职业认知。

（2）学科情境：让学生感受到每一科的内涵之美。营造学科情境，凸显专业特色，形成充分展现科学思想、学科思维和文化品位的课程学科教学环境，通过挖掘学科文化内涵及营造学科文化环境激发学生的好奇心和攀登科学技术高峰的激情、决心和志向。

（3）装备水平：改进知识的呈现方式和传导方式。在直观感受和体验的基础上，引导学生演示、验证、巩固和拓展学习内容，增强学生对抽象内容的直观理解和对具体形象内容的抽象概括。对学科重点难点等核心内容，通过物态和非物态相结合的模型展现，不断提高学生的学习兴趣、学习效率，使其最终能透过现象看本质。

（4）教学生态：以学科文化魅力吸引学生投入学习。围绕学生的学科学习，开发和呈现学科的文化内涵，创新教学方法，让学术形态的内容以教育形态、生活形态呈现。开发丰富而有美感的课程资源；打造美感课堂；打造学科教学生态范式，让名师演绎学科文化，让学科文化推动学校师生成长。

3. 探究物理

（1）敬物佩物：留下美好记忆，打下精神底色。敬物坚定信仰，让学校成为学生情感的归宿。将国旗、党旗、队旗、校旗、班旗等作为提升孩子理想、情感的载体，从小培养学生的理想信念。精心设计校服，使其内含文化和情感。校徽要体现学校的办学理念，将人文精神艺术化。注重红领巾、运动服、社团服等特色服饰，发挥其提振精神的重要作用。

（2）使物创物：培养学生的工匠精神、创新意识。通过组织学生开展小制作、小创造活动，将科技活动与学习内容、生活知识有机结合。让学生带着美感做事，慢慢培养出审美、向美、求美的意识。学校积极开展结合演示学科定理、公式以及教学原理、方法的教具、学具的制作、创新，让学生自己动手，更深刻、更具体地理解知识。围绕学生的生活开展趣味创作，增加教育的生活性、趣味性，让孩子喜欢学习。

（3）集物感物：使丰富的社会资源成为鲜活的教育资源。充分发挥校友的作用，根据学校的优势和需求，请校友为学校出资源、出技术、出信息。面向社会，建立专门的收藏馆，既创新学校文化建设的内涵，又增加学生学习的资源。力争让课文中的主题物件在校园里有所呈现，以此增加学生对事物的感性认识，深化理解，提升学习效果。大自然可使课本知识得到升华、拓展和巩固，引导学生到大自然中去学习，拨动学生内心深处的感物之情。

（三）"人"：文化塑型

1. 立德树人

丰富有趣的物型课程是对校园生态的重新定义，即通过不断增加校园建设中的课程价值和审美趣味来构筑向学的立体校园和知识空间，通过教育环境的改变，凸显"立德树人"的教育意蕴，撬动育人模式的转型，促进教学方式的变革，推动教育朝向本原的理性回归。

（1）场景功能：探索核心价值观教育的新时代路径。物型课程以环境建模、物型建构与课程开发为内核，以场景功能实现与教育品格提升为追求。物型课程反对脱离学生兴趣和生活实际的纯粹概念化学习，主张"在情境中学习""在活动中学习""在探究中学习"。物型课程中作为环境载体的"物"则以上升到不同"型"的方式一步步塑造着人。通过充分发掘校园物态的文化力量、育人价值，进一步推进中小学校品格提升，增强校长、教师立德树人的课程意识和尊重教育规律、儿童发展规律的科学意识，以校本化的方式探索社会主义核心价值观教育的新时代路径。

（2）乐享学习：探索符合身心发展规律的育人范式。通过物型课程建设，加强各类专题教育场所资源的共建共享、拓展互通，从而探索学生内心喜欢、知行合一的育人范式。注重学习者的知识建构，通过"物"的搭建为学习者创设一种具体的学习情境，即学习在场；创建与教学内容相融的校园造型；创立求物之道的课堂生态，让学术形态的内容以教育形态、生活形态呈现，从而保障学习者充分实现知识的内化。

（3）精神成长：激发心灵深处的共鸣与主动感知。物型课程的文化创新旨在创新环境的课程意识，指向在物、关键在型、突破在课程、目的在育人。优秀的物型文化——地表文化、空间文化、学科文化、格物文化蕴藏着巨大的育人力量，能让师生在崇尚美好人性、塑造完美人格、追求幸福人生的目标熏陶中逐渐形成自己的价值观、人文精神及道德情操。

（4）专业发展：让教师在物型课程中"诗意地栖居"。物型课程的精髓就在于"心中有课"，广大教师在"物质—环境—行为—育人模式"的实践过程中，逐步成长为"课程育人研究者"。创新教学方法，改变当前教育的形式化、冷硬化，打造美感课堂，最终形成学科教学生态，广大教师成为手脑合一的"智慧教学创生者"。

2. 育人模式

（1）方式转型：在物型课程实施中提升办学品质。教育转型，意味着教育的环境形态、空间结构、运行模式和价值观念等都发生深刻的转变。转型是一个主动求新、求变的过程，是"人"与"物"相互适应、调整与融合的过程，也是"物象"与"意象"相得益彰、彼此成趣的过程。物型课程形成了"处处是教育之处，时时是教育之时，人人是教育之人"，不是一味地灌输和诱导，而是采取间接、内隐的方式对学生施加影响，激发学生心灵深处的共鸣与主动感知，使学生逐渐改善自己的言行。通过教育环境的改变，凸显"立德树人"的教育意蕴，撬动育人模式的转型，推动教育朝向本原的理性回归。

（2）教育美学：物型课程学校是一座城市以美育人的美学地标。在学校这个"教育场"中，精神文化、环境文化、行为文化、制度文化决定着学校文化的程度、深度、广度和效度等，是学校主体在整个学校生活中所形成的具有独特凝聚力的学校面貌、制度规范和精神气氛等。通过学校中"物"的课程意象形成一种文化形态后，不但对师生产生约束、调节的作用，更重要的是使师生产生一种价值认同感和归属感，对师生的内在精神进行塑型，达到以物化人的育人效果。一所艺术美的学校，美不仅应该让人看得见，还应该成为学生成长的助推剂。

表 5-2　第二阶段拟订的物型课程评价指标体系

一级指标	二级指标	三级指标	分值
物 （环境建模） 40 分	自然环境 8 分	自然山水：突出自然山水的生态布局	4 分
		植被配置：让每一种植物都成为知识源	4 分
	人文景观 12 分	建筑造型：成为新形式的审美教育载体	4 分
		铺装技巧：讲究景观道路设计的知情意行	4 分
		景观小品：让学习内容成"象"成"型"	4 分
	学习资源 20 分	廊道布置：成为课堂之外的调适天地	5 分
		场馆使用：构筑向学的立体校园和知识空间	5 分
		改造教室：以生态空间丰满学生理想	5 分
		重构空间：建造开放多元的学习环境	5 分
型 （课程建模） 40 分	物型理念 8 分	手脑合一：以物化人推动教学变革	4 分
		情境创设：立"物"取"象"的课程文化塑型	4 分
	课程建构 20 分	学科内涵：学科色彩鲜明的完备课程体系	5 分
		学科情境：让学生感受到每一科的内涵之美	5 分
		装备水平：改进知识的呈现方式和传导方式	5 分
		教学生态：以学科文化魅力吸引学生投入学习	5 分

续表

一级指标	二级指标	三级指标	分值
型 （课程建模） 40分	探究物理 12分	敬物佩物：留下美好记忆，打下精神底色	4分
		使物创物：培养学生的工匠精神、创新意识	4分
		集物感物：使丰富的社会资源成为鲜活的教育资源	4分
人 （文化塑型） 20分	立德树人 12分	场景功能：探索核心价值观教育的新时代路径	3分
		乐享学习：探索符合身心发展规律的育人范式	3分
		精神成长：激发心灵深处的共鸣与主动感知	3分
		专业发展：让教师在物型课程中"诗意地栖居"	3分
	育人模式 8分	方式转型：在物型课程实施中提升办学品质	4分
		教育美学：一座城市以美育人的美学地标	4分
加分项目	—	创新成果	10分

三、在项目中期评估会议上正式发布并实施《物型课程建设发展水平指标体系》阶段

《指标体系》的制订以"价值导向、转变发展"为基本理念。价值导向，从管理立场转向学生发展的价值立场，从成果可视化的显性价值追求转向深层次内化的隐性价值追求；5个转变，从表面的转变为融入的，从孤立的转变为关联的，从某一方面的转变为整体的，从物质的转变为文化的，从少数人的转变为全体的。《指标体系》设3个一级指标，即物型、课程、学习者；6个二级指标，即全域学习生态、课程理念、课程实施、课程保障、学生评价、教师评价；20个三级指标。

（一）"物型课程"的环境建模

学校教育中的"物化"集中体现在"器物精神"与"场所精神"。传统文化中"器物精神"反映的正是人与物的关系，即在"物"的潜移默化影响中形成人的审

美文化价值取向,改变与提升人的精神世界层面。"型"就是通过现代课程理念来重构物态文化,引导学生去"格物"、去"致知",通过对实物的探索去寻求真理、寻求真知,这就形成了以物育人、以物化人的文化形态。校园的"场所精神"对于实现学校教育的全过程、全方位育人具有重要意义。

全域学习生态系统是物型课程"实体+虚拟"的存在。对物型课程学校而言,完整的学习系统涵盖"可见的和不可见的"一切,建筑、空间、地表、文化和人际关系等构建出一个完整的物型课程资源系统,教室、学校、自然和社会合成一个完整的生命成长系统,学科课程、综合实践、制度文化、角色群落为学生基于当下与面向未来的生存与发展提供真实、丰富、有效、全域的资源与系统支持。

全域学习空间是物型开发与建构的基本逻辑,学校空间通过多种维度为儿童学习与发展提供支持。物型学校空间可以划分为真实和虚拟两大部分。真实空间又分为自然空间、场馆空间、教室空间、生活空间几个维度。

1. 自然空间。物型课程强调自然山水的生态布局。微山微水的校园是让人心灵放松的港湾。"山"要有立体感,"水"要有灵动美。无论是"山"还是"水",都要强调原生态的建设。植被配置要让每一种植物都成为知识源。绿化要有人格寓意,能引发学生托物言情、咏物言志、以物感心。

南通实小"蕊春园"

2. 场馆空间。建筑造型成为新形式的审美教育载体。校园有山水气象,以生态式的优美环境促进学生乐山爱水;校舍有艺术美感,以格调大方、色型大气、装饰大雅的建筑之美熏陶学生。铺装技巧讲究景观道路设计的知情意行。注重应有的审美感、亲近感、情趣感。而景观小品让学习内容成"象"成"型"。叠石理水,一草一木,文化景观要有"故事",承载着深刻的文化内涵,成为课文掌故、历史经典的再现、延续和创生。重点加强走廊、过道、教室、主题场馆等校园文化载体建设，让"学校的每一面墙壁都能说话"。丰富有趣的物型课程是对校园生态的重新定义，即通过不断增加校园建设中的课程价值和审美趣味来构筑向学的立体校园和知识空间，使之成为人与物、人与人之间对话交流的丰厚土壤。尽一切可能，最大化、多样化地建设主题场馆，使之成为学习工场，这是物型课程学校最显著的特征之一。

3. 教室空间。物型课程重在"物"的文化塑型及课程意象，特别注重研究教室环境的优化、物象氛围的调整等，以创造出更具美感、让人回味的教育景观。通过"放大教室"从而"放大校园"，这也是物型课程项目的重要特征与成果之一。重构空间，建造开放多元的学习环境，将物态文化景观转变为学习的"境"、实践的"场"、创造的"器"、体验的"坊"，让儿童在开放自然的学习成长中探其源、求其真、赏其韵，获得自我成长，促进教育悄然发生。

4. 生活空间。校内外学习资源要拓展整合，如学科间合作、班级间协作、家长参与、校际合作、学校与社区的互动。信息技术带来的变革，已经重构了学习空间，改变了学习路径。要循着未来学校、未来教室、未来学习的样子，结合高科技、全媒体的应用，重构学生与环境的关系，重构教育中人与技术、工具以及资源的关系。

除了实体空间，虚拟空间也是一个不可忽视的层面。在物型课程视域下，真实空间和虚拟空间并非平行的两个世界，而是同时影响着儿童学习和发展的实时交互式存在。比如，山水植被、建筑雕塑、展品教具等都可以附上二维码，扫一扫便能实时播放相关知识，提供活动情境。

（二）"物型课程"的课程建模

物型课程可以理解为学校物质空间教育意蕴的总体设计和综合育人载体，是以儿童发展为目标，以知识的物化为型态，以人与物的互动为形式的课程，是基于优秀传统文化而创生的物态情境和教育表达。物型课程旨在校园环境的立体再造，追求教育价值、课程意识、学科文化、童心需求和人文寓意的综合实现，载体在物，关键在型，突破在课程，目的在育人，呈现在文化。

一是物型课程倡导手脑合一，以物化人推动教学变革。通过开发丰富而有美感的课程资源，创新教学方法，使广大教师成为手脑合一的"智慧教学创生者"。物型课程倡导情境创设、立"物"取"象"的课程文化塑型；反对脱离学生兴趣和生活实际的纯粹概念化学习，主张"在情境中学习""在活动中学习""在探究中学习"。物型课程以环境建模、物型建构与课程开发为内核，以场景功能实现与教育品格提升为追求。物型课程中作为环境载体的"物"以上升到不同"型"的方式一步步塑造着人。

二是物型课程倡导多样化的物型教学方法，如圆桌讨论学习法、实用动手技术学习策略、游戏或仿真学习策略。在这样的课程实施中，人与物的互动关系，是基于对学习方式转型的理解下的物的探究与运用。改进知识的呈现方式和传导方式，通过直观教学和现场体验，引导学生演示、验证、巩固和拓展学习内容，增强学生对抽象内容的直观理解和对具体形象内容的抽象概括。对学科重点难点等核心内容，通过物态和非物态相结合的模型展现，不断提高学生的学习兴趣、学习效率，使其最终能透过现象看本质。

三是物型课程高度重视课程建设的保障和支持，需要政府、企业、社会等主体的参与和支持，注重管理与制度、师资队伍建设等内涵性建设的作用。以学科文化魅力吸引学生投入学习。围绕学生的学科学习，开发和呈现学科的文化内涵，创新教学方法，让学术形态的内容以教育形态、生活形态呈现。开发丰富而有美感的课程资源；打造美感课堂；打造学科教学生态范式，让名师演绎学科文化，让学科文化推动学校师生成长。

（三）"物型课程"的"以物育人"建模

丰富有趣的物型课程，是对校园生态的重新定义，即通过不断增加校园建设中的课程价值和审美趣味来构筑向学的立体校园和知识空间,通过教育环境的改变,凸显"立德树人"的教育意蕴,撬动育人模式的转型,促进教学方式的变革,推动教育朝向本原的理性回归。

一是物型课程以环境建模、物型建构与课程开发为内核,以场景功能实现与教育品格提升为追求。物型课程反对脱离学生兴趣和生活实际的纯粹概念化学习,主张"在情境中学习""在活动中学习""在探究中学习"。物型课程中作为环境载体的"物"以上升到不同"型"的方式一步步塑造着人。增强校长、教师立德树人的课程意识和尊重教育规律、儿童发展规律的科学意识,以校本化的方式探索实现社会主义核心价值观教育的新时代路径。

二是通过物型课程建设,加强各类专题教育场所资源的共建共享、拓展互通,注重学习者的知识建构,通过"物"的搭建为学习者创设一种具体的学习情境,即学习在场;创建与教学内容相融的校园造型;创立求物之道的课堂生态,让学术形态的内容以教育形态、生活形态呈现,从而保障学习者充分实现知识的内化。

物型课程激发了心灵深处的共鸣与主动感知。物型课程的文化创新旨在创新环境的课程意识,能让师生在崇尚美好人性、塑造完美人格、追求幸福人生的目标熏陶中逐渐形成自己的价值观、人文精神及道德情操,最终实现"物道""物理""物情""物趣""物行"五个"物"。"物道",即道德养成,如格物致知、天人合一。"物理",即学习能力,如自主学习能力、多感官感知能力。"物情",即人格发展,如情感体验、建立友好关系。"物趣",即审美能力,如感受美、鉴赏美、创造美的能力。"物行",即劳动素养,如劳动观念、动手能力。

三是促进教师专业成长,让教师在物型课程中"诗意地栖居"。物型课程的精髓就在于"心中有课",广大教师在"物质—环境—行为—育人模式"的实践过程中,逐步地成长为"课程育人研究者"和手脑合一的"智慧教学创生者"。

表 5-3 物型课程建设发展水平指标体系

一级指标	二级指标	三级指标
物型 （30分）	全域学习生态 （最大限度地利用校园空间，创造整体性环境），30分	自然空间（如自然山水、植被配置），6分
		场馆空间（如设计理念、空间结构、美学功能），6分
		教室空间（如理念渗透、仪器与设备、空间改造），6分
		生活空间（如空间结构、道路设计），6分
		虚拟空间（现代信息技术的运用，如VR技术），6分
课程 （40分）	课程理念（课程建设的理念与目标），10分	物型理论建构，5分
		课程目标定位，5分
	课程实施（课程建设的关键），20分	教学组织形式，5分
		物型教学方法（如圆桌讨论学习法、实用动手技术学习策略、游戏或仿真学习策略），5分
		人与物的互动关系，5分
		基于未来学习方式转型的物的探究与运用，5分
	课程保障（课程建设的保障和支持），10分	物型课程的内部质量保障（如管理与制度、师资队伍建设等），5分
		物型课程的外部质量保障（政府、企业、社会等主体的参与和支持），5分
学习者 （30分）	学生评价 （聚焦学生学习成果），20分	"物道"（道德养成，如格物致知、天人合一），4分
		"物理"（学习能力，如自主学习能力、多感官发展能力），4分
		"物情"（人格发展，如情感体验、建立友好关系），4分

续表

一级指标	二级指标	三级指标
学习者（30分）	学生评价（聚焦学生学习成果），20分	"物趣"（审美能力，如感受美、鉴赏美、创造美的能力），4分
		"物行"（劳动素养，如劳动观念、动手能力），4分
	教师评价（聚焦教师专业发展），10分	课程领导力（如课程理解与实施、教学资源开发与利用），5分
		物型教学能力（如元素教学、情境创设、多感官教学），5分

注：1. 为避免评价方面的交叉，我们将把对课程的评价内嵌于对学生和教师的评价，即以学生发展的获得性数据为主，通过观测学习者的成长来评价课程效果。

2. 为鼓励项目学校有所创新，我们通过举例的方式解释三级指标，兼顾评价标准的统一性与多样性。

物型课程项目建设是行动也是研究，是行动研究项目。因此，制订《指标体系》并不是为了区分学校，而是为了更好地促进项目建设，促进学校品质提升，最终促进学生的发展。

后　记

"如果我们用过去的方法教育现在的学生，就是在剥夺孩子们的未来。"杜威的远见今天或许依然可以作为对教育实践的警示。

随着基础教育改革的推进，从以教为中心转向以学为中心正成为教育界的理念共识，但在教育实践过程中，优质教育资源不平衡不充分的问题，教育资源和教育理念不同步、不协调的问题，学生主体作用发挥不全面、不彻底的问题，依然没有得到很好的解决。当教育现代化迈向高质量发展阶段，以人的全面发展和美好幸福生活实现为价值导向的教育追求对教育改革提出了更高层面的要求。如何革新教育方法，实现"教育先行"理念？如何扎根优秀文化，形塑儿童道德精神，促进全人健康发展，这些已成为摆在教育人面前的一道重要考题。

2018年，江苏省基础教育前瞻性教学改革实验项目（重大研究项目）"物型课程的建设与研究"立项，项目从教学空间、场所精神维度审视主体与客体的关系、课程与学习的逻辑，通过人的整体性发展与环境的系统化支持切入研究，致力解决教学碎片化、知识意义割裂、单向度的师生关系和线性的学习方式等问题。

这是一次扎根本土实践，面向未来学习转型的系统化研究的起点。南京市金陵小学、南通市通州区实验小学、张家港市实验小学、常州市武进区星河实验小学、昆山市娄江实验学校、淮安市周恩来红军小学等一大批学校为了共同的目标汇聚到了一起。近三年来,物型学校从"每一面墙壁都会说话"的校园空间教育实验开始,深入物型要素与结构研究,拓展学科与课程边界,以融合全域学习要素的方式,不断探索课程融合维度和实践路径,持续优化教育生态系统,共同建构出"审美课程""空间课程""创想课程""自然课程"等丰富多彩的物型文化和课程气象。破解学习之间、学校之间的全域学习和整体育人的新时代物型课程综合体形态已然"跃出水面"。

江苏教育现代化是以人为核心、更高质量的现代化。在教育物质现代化的基础上,以人的全面发展为旨归重构教育要素,实现学校课程理念到实践形态的整体变革,推动学校育人品质的整体提升,建构学校独特的教育哲学与气象,是物型课程对时代发展要求的有力应答。

本套丛书是项目组对立项以来研建内容的一次总结与回顾。借此次出版的机会,我们对物型课程的内涵要素、实践特征和推进维度又做了进一步提炼和丰富,希望在理论和实践方面的探索能够为基础教育学校课程改革和教育现代化建设提供些许启示和参考。

在物型课程项目研建的过程中,我们得到了项目学校的大力支持,也受到上海、浙江、安徽、江西、天津等地教育报刊社(教育宣传中心)的广泛关注,更深受江苏省教育厅、江苏省教育学会和江苏省教育科学研究院等单位领导和专家们的倾力指导,在此一并表示感谢。

教育是与孩子在一起的岁月可亲,也是与时代在一起的澎湃前行。

近三年的研建时光,让我们深刻感受到物型课程所内蕴的教育理想与文化气质。物型课程正以其原创、融合、开放、独特的魅力促进越来越多的有志者朝向教育核心价值理想执着探路,踏歌而行。

在书稿即将付梓之时,北京外国语大学附属上海闵行田园高级中学、杭州市富阳区富春第七小学、合肥师范附属小学、天津市河西区平山道小学、徐州市云龙区雍景新城幼稚园等 16 所项目学校刚刚加入"物型研建圈",他们对空间教育、学习素养、课程结构的崭新思考,让我们看到了物型课程又在以活泼的生命力迈向一个新的历史开端。

"物型课程建设的研究与推广"项目组

2021 年 3 月